El único Diamante cortado

Por: CHRISTINE-HAGLEY

El diamante de talla única

Derechos de autor © 2025 **Christine Hagley**

Reservados todos los derechos. Impreso en los Estados Unidos de América y Canadá.

Ninguna parte de este libro puede usarse ni reproducirse de ninguna manera sin permiso por escrito, excepto en el caso de citas breves incorporadas en artículos o reseñas críticas.

ISBN:9781998120703

Publicado por: COJ BOOKZ

Christine Hagley

La autora nació en el barrio de Rexdale de Toronto, pero luego se mudó a Malton, donde pasó la mayor parte de su infancia. Ella es la mayor de cuatro hijos por parte de su madre y es la hija número nueve de su padre. Le diagnosticaron una discapacidad de aprendizaje a una edad temprana, luchó por mantenerse a flote en el sistema escolar tradicional y asistió a una escuela de enfoque combinado al final de su adolescencia, donde se graduó con éxito. Christine ahora es consejera comunitaria que trabaja con jóvenes en riesgo, en el sector de servicio al cliente. Es una orgullosa madre de una hermosa hija de cuatro años.

"Escucho para entender; sé descifrar las emociones de las personas".

"Hay una ventaja en todo lo que hagas".

"Aunque enfrenté todos estos obstáculos y desafíos en mi vida, nunca me di por vencido porque siempre veo la luz en cada situación; ya sea que estuviera enojado o triste, siempre supe que había más en mí que la situación en la que me encontraba en ese momento".

theuniquecutdiamond@gmail.com

Introducción

Escribí este libro porque sentí que necesitaba compartir mi historia con el mundo porque es verdaderamente única. Me tomó un tiempo escribir este libro debido a las pruebas que pasé en mi vida y a mi enojo. Luché con la decisión e incluso quemé todos mis apuntes, pero nunca me di por vencido, y ahora quiero que mi historia se cuente más que nunca: cruda, sin filtros, sin ocultar nada, solo yo. Para poder vivir verdaderamente mi mejor vida, tuve que escribir este libro. Era imperativo para mí quitarme este peso de encima.

Nunca vi un momento destacado en mi vida. La gente siempre me animó a escribir un libro. Los miré y pensé: "están bromeando". Pensé que todo el abuso, el trauma y el dolor por el que tuve que pasar era algo por lo que muchas otras personas estaban pasando. Nunca se me ocurrió que había algo espectacular en mi vida que podría ocupar las páginas de un libro real, pero ahora veo las cosas de otra manera. Se supone que la infancia es una época feliz; cuando quieres estar rodeado de gente y cuando se supone que debes sentirte amado. Es uno de los mejores momentos en la vida de una persona. Para mí fue más miseria que infancia.

Si hay algo que he sabido sobre mí desde pequeña es que mi amor nunca cambió sin importar lo que pasé o lo que soporté. Siempre tuve amor por la gente. Escribí este libro porque sentí que necesitaba compartir mi historia con el mundo porque, a diferencia de cualquier otra, esta historia es única. esta es mi verdad.

Dedicación

Me gustaría dedicar este libro a mi abuela, mi hija y mis futuros hijos.

A mi abuela: gracias por todo lo que has hecho por mí. Sin ti nunca sería la mujer que soy hoy. Nunca habría superado todos los obstáculos de la vida si no hubiera sido por su fe en mí y su constante aliento y amor.

Tabla de contenido

Capítulo 1 – ¿Quién soy yo? — 1

Capítulo 2 – Baño de hielo — 15

Capítulo 3 – Elementos de mí — 31

Capítulo 4 – Tortura — 43

Capítulo 5 – Identidad robada — 61

Capítulo 6 - La maldición de mi madre — 79

Capítulo 7 – Duración de la atención — 91

Capítulo 8 – Los hombres antes que tus hijos — 101

Capítulo 9 – Donde todo empezó — 115

Capítulo 10 – Ángel guardián — 121

Capítulo 11 – Superhéroe — 131

Capítulo 12 - Orgullo, fuerza y amor. — 137

CAPÍTULO 1
¿QUIÉN SOY YO?

Nací y crecí en Toronto, concretamente en el barrio de Rexdale, donde pasé mis primeros años antes de mudarme a Malton. Malton es donde realmente se desarrolló mi infancia. Soy de herencia mixta. Mi madre es de Jamaica y mi padre es granadino. Mis abuelos paternos son de Escocia, lo que me da sangre caribeña y europea. Por parte de mi mamá somos cuatro y yo soy la mayor. Ser el mayor de cuatro fue un crecimiento difícil. Vivía con mi mamá y mi padrastro (que es el padre de mi hermano). Tuve un padre, pero él no jugó realmente un papel en mi vida hasta que tuve dieciséis años. Así que me crió el padre de mi hermana, a quien llamo mi padre. Por parte de mi padre biológico somos diez y yo soy el segundo más joven. Tengo una hermana menor que nació después de mí. Crecimos en muchas áreas diferentes y yo iba de un lugar a otro. Fue difícil para mí quedarme quieto porque siempre estábamos en movimiento. Se trataba de cambiar de escuela o de barrio.

Mi mamá y mi papá son prácticamente las mismas personas. Mostraron su amor a su manera y no fue realmente a través de mí, fue el uno a través del otro. No me refiero a estar juntos; eran solo sus personalidades individuales. Si necesitaba algo, ella lo llamaba y él estaba allí, pero no era el típico esquema de paternidad compartida. Conocí a mi papá a los dieciséis años, así que ya era mayor. Realmente no necesitaba nada la mayor parte del tiempo, excepto cuando había un viaje escolar o quería ropa o un par de zapatos. En general, no había mucha demanda para él de forma regular. Pensé que se suponía que él estaría allí para brindar respaldo y apoyo. Cualquier papel que mi mamá no cumpliera, mi abuela o mi tía asumían en su lugar. La relación de mi mamá y mi papá era muy tóxica. Por lo que escuché mientras crecía, mi papá era muy controlador y manipulador. Mi mamá quería salirse con la suya y mi papá era abusivo. Realmente no era una gran relación. Luego me tuvieron.

El vecindario en el que crecí se consideraba en riesgo debido a la violencia armada generalizada. No recuerdo mucho excepto el hecho de que vivíamos en una casa y nos mudamos al sótano. Solía jugar con los hijos y nietos del propietario. Entonces tenía amigos con quienes jugar. Éramos solo mi mamá y yo, y yo era el chico nuevo de la cuadra. Fue el padre de mi hermana quien ayudó a criarme. Con él, había más horario. Tenía: niñeras, ciertos programas en los que participaría, mucha ropa y todos los juguetes del mundo. Gracias al padre de mi hermana, tuve una familia extensa que me abrazó desde que tenía dos meses. Mi papá se fue después de que yo nací.

Por parte de mi mamá somos cuatro y yo soy la mayor. Por parte de mi papá somos diez y yo soy el segundo más joven. Luego está mi hermana menor que nació después de mí. No tengo mucha relación con mis hermanos; es más como si yo estuviera ahí, tú estás ahí. Sin embargo, tengo una gran relación con mi hermana por parte de mi padre. Estamos muy cerca. Tenemos un año de diferencia, por lo que hay puntos en común en términos de edad e intereses compartidos. Nos conocimos cuando yo tenía trece años. Crecí sin saber quién era mi padre, así que esa relación me resultaba extraña, pero cuanto más la conocía, más me daba cuenta de que no somos tan diferentes el uno del otro.

Ella ha pasado por todo este asunto conmigo y con mi mamá. Ella sabe todo sobre mi mamá porque ella estuvo allí. Además, sabe mucho sobre nuestro papá porque teníamos historias similares. Una cosa en particular que me llama la atención es que cuando nos conocimos quedé asombrado. No sabía mucho sobre los antecedentes de mi padre, así que cuando descubrí que tenía una hermana mayor, alguien a quien podía admirar, fue un fenómeno. Cuando era niña, tener una hermana mayor me hacía sentir exultante. Tenía un hermano mayor que podía controlarme y cuidarme. Finalmente había alguien con quien podía hablar. No tuve eso cuando era niño. Me sentí sola, pero cuando la encontré dejé de sentirme así. Sabía que tenía un ser humano completamente diferente: alguien con quien podía compartir un vínculo y alguien con quien podía compartir toda la historia de mi vida. Tuvo la oportunidad de conocer mi verdadero yo, la persona cariñosa y afectuosa que soy.

Más tarde, cuando conocí a los hijos de mi papá, nos quedábamos a dormir, salíamos a almorzar y hablábamos por teléfono. Hubo momentos en los que compartimos diferentes libros, ideas y muchas otras cosas interesantes.

Gracias a mi hermana, pude experimentar un estilo de vida y una familia completamente diferentes. Fuimos al cine, a la playa y mucho más. Hicimos muchas cosas juntas como hermana y tuve una vida que nunca tuve con mis hermanos por parte de mi madre.

Cuando se trata de describir la relación que tengo con los hijos de mi mamá, diría que mi hermana y yo somos algo cercanos. La relación con mis hermanos se basa más en lo que puedo hacer por ellos. Realmente no es una relación. Saben que tienen una hermana y si necesitan algo, lo preguntan. De lo contrario, no me hablan durante semanas o, a veces, meses. Mi madre les lava el cerebro y los controla emocionalmente a mis hermanos, por lo que la forma en que actúan no me sorprende. Sí. No los culpo mucho por nuestra educación retorcida.

Desde muy joven me encargaron: cocinar, limpiar y cuidar a mi hermana y mis hermanos menores. Ahora que lo pienso, yo era más niñera y ama de llaves y menos una niña en mi casa. Es doloroso no poder ser simplemente un niño. Siempre me decían que hiciera esto o aquello. "Haz esto por tu hermano" o "Haz esto por mí", así que no tuve infancia. Los recuerdos de lo que pasé son igualmente dolorosos. Apenas tenía tiempo para salir a jugar o correr como niños normales porque siempre estaba cuidando a mis hermanos y hermanas.

No tengo la mejor relación con mi madre. Ella es totalmente responsable de muchas cosas que han pasado en mi vida. Mis hermanos y mi hermana eran jóvenes y no sabían ni entendían lo que estaba pasando. Simplemente sabían que yo era quien los cuidaba. A los nueve años ya lavaba, limpiaba y cuidaba a mis hermanos. A menudo me dejaban sola en casa desde muy joven. He visto a mi mamá atravesar relaciones abusivas mientras la policía entraba y salía de nuestras vidas. No dejo de recordar cuántas veces me engañaron simplemente por ser un niño. Fue porque tenía que hacer lo que todos quisieran que hiciera. Eso incluía: preparar la comida, limpiar y la tarea siempre arriesgada de emprender las aventuras de mis hermanos y mi hermana. En pocas palabras, yo iba a ser su cuidador.

Toda mi vida juvenil fui cuidadora, así que me veo como un superhéroe. Cualquier cosa que alguien me pidiera que hiciera, siempre que entendiera la tarea y lo que implicaba, la haría.

Mi mamá siempre me comparaba con mis hermanos. Ella decía: "Si no puedes resolverlo tú mismo, deja que tus hermanos y tu hermana te ayuden". Eso me hizo sentir de alguna manera porque soy el mayor y había ciertas cosas que debería haber sabido y que no sabía. No fue mi culpa. Como resultado, tuve que pedir ayuda a mis hermanos menores con muchas cosas. Esto me dejó una cicatriz emocional y pasé muchas noches llorando. Cuando le explicaba cosas que no podía hacer, por ejemplo, cuando tenía dificultades en la escuela, ella automáticamente asumía que no quería hacer el trabajo y que era un vago. Simplemente no sabía cómo y no sabía por qué. Yo era un niño, no un Psicólogo Infantil.

Fueron mi abuela y mis profesores, muchos de ellos Educadores afrocanadienses, quienes entendieron que no era mi falta de esfuerzo. Intentaron ayudar lo mejor que pudieron. Sin embargo, mi abuela fue quien notó que estaba luchando y me llevó a un terapeuta. Ella fue quien hizo que me evaluaran. Mientras estuve allí, hice un examen y ella pagó de su bolsillo. Ella se aseguró de que obtuviera la ayuda que necesitaba. Después de que me diagnosticaran una discapacidad de aprendizaje, ella me inscribió en una escuela especial que operaba programas relacionados con mi desarrollo. Mi madre no se preocupaba por mi discapacidad, por lo que mi abuela siempre la llamaba y trataba de aconsejarla sobre las acciones correctas a tomar para ayudarme. Ella era simplemente obstinada e indiferente. Todo lo que mi madre seguía diciendo era que debería aprender a hacer las cosas por mi cuenta. Básicamente, mientras estuviera en su casa, estaría solo.

Debido a mi discapacidad de aprendizaje, la vida era muy desafiante. Podría ser la razón por la que soy más lento a la hora de aprender ciertas cosas. Se necesitaría repetición y un método de constructivismo para captar actividades particulares. Por esta razón, las demostraciones visuales habrían ayudado mucho a mi crecimiento. Sin embargo, mi madre permitió que su falta de conocimiento sobre mi discapacidad de aprendizaje creara una fuente continua de descontento y desconexión entre nosotros. Ella me miró como si fuera retrasado o estúpido. Todo lo que necesitaba de mi madre era paciencia y dedicación para ayudarme a comprender lo que ella intentaba comunicarme. Hizo un mal trabajo y eso sólo empeoró las cosas. No sabía por qué no podía seguir sus instrucciones la mayor parte del tiempo, y ella tampoco. Con el tiempo llegué a comprender mi situación, pero ella ni siquiera lo intentó. Mi madre no tenía absolutamente ninguna paciencia. O lo conseguías o no, y a ella realmente no le importaba sentarse y probar conmigo.

Mi madre siempre me daba tareas que cumplir sin instrucciones. Ahora que soy madre, pienso en las pequeñas cosas que pensé que una madre debería hacer, cosas que claramente extrañaba. No hubo cuidados ni cuidados que me apoyaran con estrategias que me ayudaran a aprender, crecer y funcionar. Tan pronto como descubrió que tenía una discapacidad de aprendizaje, me tachó de estúpido. Ella no vio el valor en mí ni el propósito de mi existencia.

Me golpearon por cosas que no entendía. Cosas como: multiplicación, suma, resta e incluso ortografía fueron las razones por las que me golpearon. Los viernes me llegaban tablas de multiplicar con tablas del uno al diez que tenía que estudiar. Luego, se los tenía que recitar el viernes siguiente, y si no sabía algo, me golpeaban con la plancha, el cinturón o una olla. Era prácticamente cualquier cosa que pudiera conseguir.

Fui criado en la iglesia. Ir a la iglesia un domingo con mi abuela fue sumamente gratificante. Pasaba tiempo leyendo mi Biblia, como me enseñó mi abuela. También me encantaba escribir, así que tenía un diario o un pequeño diario y mi abuela fomentaba este hábito. Cuando no lloraba siempre tarareaba o cantaba y descubrí que la música era mi escape. Cantar, leer mi Biblia y escribir fueron medios que me ayudaron a superar el abuso de mi madre. Canté en el coro y tenía una voz tan poderosa que hasta mi pastor lo comentaba. Enseñar en la escuela dominical era otra responsabilidad que disfrutaba muchísimo porque era el mejor escape de estar en casa. Estar rodeado de otras personas fue terapéutico. En la iglesia, me sentía como un niño normal, especialmente porque no sentía que tuviera una discapacidad de aprendizaje.

Durante ese tiempo, mi abuela era el mejor ser humano del mundo para mí. Ella sabía de mi discapacidad, pero también sabía que era algo que me dolía, así que nunca destacó el hecho. En cambio, tenía conversaciones sinceras conmigo y constantemente me lo recordaba diciendo: "Quiero que sepas que eres bendecida, que eres especial. No hay nada malo en ti". Ella decía: "¿A quién le importa si necesitas más tiempo para entender ciertas cosas?". Ella es la responsable de moldearme y mantenerme informado sobre todo lo que yo desconocía. Mi abuela se sentó conmigo y se tomó el tiempo para animarme a superar cualquier obstáculo que enfrentara en la vida. "Christine, sigue adelante, puedes hacerlo". Ella me taladraba a menudo. El término mentora describe adecuadamente su papel en mi vida porque ella era más que mi abuela; ella era la única persona a la que realmente le importaba.

Mis problemas estaban lejos de terminar, porque asistir a la escuela pública con una discapacidad de aprendizaje era como una extracción dental diaria. El impacto psicológico fue desconcertante por decir lo menos, pero lo que realmente me pasó factura fue la vida durante la escuela secundaria. En ese momento experimenté la pubertad. No solo se estaban produciendo mis cambios físicos sino que comencé a desarrollar más emociones. Lo peor de todo es que tenía un problema de ira. Fue tan abrumador que me dio una sensación anormal. Me reprendía internamente por qué mis hermanos y mi hermana tuvieron la oportunidad de experimentar ciertas cosas que yo no tuve. ¿Cómo podían hacer ciertas cosas sin que se lo dijeran mientras yo me sentaba allí y reflexionaba? En mi mente diría: "Entonces, ¿qué dijiste realmente?" "¿Qué querías realmente que volviera a hacer?" Llegué al punto en que ya no me sentía parte de la familia. Luego, además de todos esos problemas, yo era el más ligero de la familia.

En el Caribe, la frase "color alto" significa una persona de tez más clara. Mi mamá usaría esa frase de manera negativa para decir que yo no valía nada. Además, hacía comparaciones entre mi hermana y yo diciendo que algún día yo estaría trabajando para mi hermana. Todos estos comentarios degradantes quedaron arraigados en mi subconsciente y me hicieron empezar a creer estas mentiras sobre mí mismo. Esto frenó mi crecimiento en muchos sentidos y todavía estoy arrancando las últimas vides de un árbol emocional envenenado.

Continué creciendo hasta mi vida adulta, dudando silenciosamente de todo lo que hacía y cuestionando cada uno de mis movimientos. Podría ser la cosa más pequeña. Si fuera a una entrevista de trabajo, automáticamente me diría a mí mismo que no iba a tener éxito. Cuando estaba a punto de ser madre, me dije a mí misma que no sería buena en eso, más que nada porque temía convertirme en mi madre. Pensé en todas las cosas que me dijeron que no podía hacer o que no podía lograr, y en cómo no podría guiar a mi hijo si carecía de las habilidades necesarias para la maternidad. Esta sombra de "Tomás el Dudoso" que cayó sobre mí me impidió formar relaciones significativas con los demás. Yo no quería eso. Me llevó a volverme antisocial porque me encerraban en casa con frecuencia. Cada vez que tenía un descanso para salir al mundo real, no sabía cómo relacionarme con mis compañeros; era como si todo fuera nuevo para mí. Tener una conversación era extraño para mí, así como una simple introducción como "Oye, mi nombre es Christine". Ya no sabía cómo hacer eso.

Muchas cosas me resultaron difíciles de hacer. En lugar de que mi mamá se tomara el tiempo para guiarme, simplemente hizo que yo fuera una persona rota o dañada.

CAPÍTULO 2
BAÑO DE HIELO

Cuando era niño, mi ambición era ser médico. Debido a esta aspiración, me aseguré de tomar los cursos requeridos cuando llegué a la escuela secundaria. Tal vez debería haber tomado más cursos, pero no se esperaba mucho de mí debido a la semántica de la discapacidad de aprendizaje. Básicamente, intentaron hacer que la escuela fuera más sencilla para mí. Mis clases eran más pequeñas y solo completaba una o dos materias a mi propio ritmo. Entonces terminé estudiando Inglés y Geografía.

A lo largo de la Secundaria hubo profesores que conocían mi situación y les agradecí porque me ayudaron significativamente. Me conseguirían los libros adicionales que necesitaba y pasarían más tiempo conmigo cada vez que tuviera que prepararme para exámenes o pruebas. Hicieron que fuera una experiencia más divertida, así que no tenía miedo de usar las manos o contar objetos. La maestra hacía ciertas cosas para desarrollar mi memoria cuando se trataba de matemáticas, y tenía todas las herramientas que se te ocurrían para desarrollar mis habilidades matemáticas. Me consiguió libros, útiles y se sentaba allí y leía las lecciones repetidamente. Ella me presentó programas de computadora que podía hacer en casa porque conocía un poco la dinámica familiar en lo que respecta a mi madre. Le dije ciertas cosas para que me diera algo de tiempo extra. Si la escuela terminaba a las 3:15 p. m., me quedaba allí hasta las 4:30 p. m. o cuando ella se iba a casa. Ella me vería al salir y se aseguraría de que estuviera bien. Esto continuó y se convirtió en mi vía de escape.

Si eso no sucediera después de la escuela, estaría cantando. También me encantaba leer cuando era niño, así que si no era cantar o leer, entonces era escribir o algo más. En casa, tuve que aprender a multiplicar y tuve que aprender por mi cuenta a memorizar las tablas del 1 al 10. Me golpeaban por cualquier cosa que no sabía y tenía que regresar y rehacer lo que me perdí la primera vez para asegurarme de hacerlo la próxima vez.

Recuerdo que tuve un director que se dio cuenta de que tenía un problema de puntualidad. Hizo que para mí fuera divertido venir a la escuela estableciendo un sistema de cupones. Siempre que llegara a tiempo, los cupones me permitían disfrutar de una comida caliente para el desayuno o el almuerzo. Compró mis cereales favoritos y muchas cosas interesantes que me gustaba comer. Aunque tuve cosas con las que lidiar la noche anterior, cada vez que iba a la escuela había paz. El director me llevaba a la oficina y expresaba su preocupación por las noches difíciles que estaba pasando. Con solo una mirada a mi cara me preguntaba: "¿Cómo quieres comenzar el día?" "¿Quieres esto o quieres aquello?" Hizo las cosas interesantes para mí. Podría olvidarme de lo que tenía que afrontar en casa y centrarme únicamente en la escuela. Sólo puso en marcha ese programa de desayuno y almuerzo gracias a mí. La escuela nunca antes había tenido un programa de este tipo. Sin embargo, cuando escuchó ciertas cosas sobre la dinámica de mi familia y cuando me vio llegar a la escuela con hambre por cualquier motivo, hizo un esfuerzo adicional. Como director, me proporcionó una asignación para comprar cosas que me gustaba comer. Él era solo mi director. Dejó la escuela cuando me gradué y nunca más lo volví a ver.

La escuela secundaria fue difícil con la pubertad apenas comenzando. Para colmo de males, llegué un poco más tarde que los demás. Me avergonzaba de mi cuerpo porque no crecía tan rápido como el de cualquier otra chica de mi clase que estaba prosperando. Solía ser intimidada y molestada y realmente no sabía cómo defenderme. Mucha gente en la escuela me pateaba, empujaba y me insultaba. Al final me metí en un par de peleas. Parecería como si hubiera asumido más la personalidad de nerd. Sin embargo, amaba los deportes como el atletismo y el voleibol, y sí, amaba el entretenimiento, el teatro y la música.

Solía recibir muchos premios en la escuela, como los premios Future Ace y Estudiante del mes. Con el tiempo, dirigí el Bully System e hice la Patrulla de seguridad con los niños más pequeños de mi escuela. Yo era responsable de acompañarlos a la escuela y de cruzar la calle. Actuar era otro pasatiempo divertido que amaba. Siempre estuve participando en la obra, los anuncios, el teatro musical, lo que sea. Me mantuve ocupada por lo que estaba pasando en casa. La escuela era mi escape y cuando estaba allí, simplemente vivía el momento. Probé para los equipos de voleibol y atletismo, y para actividades de teatro y música. Hice una audición para todo para mantener algún tipo de concentración.

El premio Future Ace requería que los profesores seleccionaran a un estudiante con el que trabajaran individualmente y que mostrara ciertas cualidades. Siempre estaba sonriendo, siendo amigable y servicial con mis profesores. A menudo, me ofrecía a ayudarlos con sus tareas adicionales como fotocopiar o hacer anuncios. Nunca esperé nada a cambio, pero supongo que les llamó la atención y me seleccionaron para recibir estos premios.

Recuerdo estar en la escuela secundaria. Me llamé pájaro en jaula porque lo único que realmente hacía era recoger lo que hacían otros niños. Me encantaba estar al aire libre y si ella me diera la oportunidad de salir, la aprovecharía. Una vez estaba afuera jugando un juego llamado "Manhunt" con los niños del vecindario. Mi mamá me llamó y me dijo que entrara. Respondí diciendo que estaría allí en un minuto. Tenía tantas ganas de disfrutar de la compañía y terminar el juego que, como cualquier otro niño, seguí jugando. Esto debe haber enojado a mi mamá, así que decidió salir, arrastrarme por el cabello, pateando y gritando, y arrastrándome escaleras arriba. Cuando me dijo que entrara, también me dijo que me diera una ducha. Le dije que no estaba listo y que quería terminar el juego, así que se aseguró de preparar el baño mucho antes. No sabía que me esperaba un duro despertar, porque el baño que ella preparó era un baño de agua fría. Me arrojó a la tina con agua fría.

Había cubitos de hielo en este baño y aquí es donde el insulto se encuentra con el daño. Mi madre llamó a todas y cada una de las personas del barrio para que me vieran bañarme. Recuerdo gritar, llorar y suplicarle a esta loca. Le pedí que parara y ella simplemente se burlaba y les decía a todos que me miraran sin querer bañarme. Me llamó desagradable mientras la gente se paraba, miraba y tomaba fotografías y vídeos. Ella obligó a que continuara toda la terrible experiencia porque me sentí avergonzado y humillado.

Mi madre agarró el jabón y dijo: "Enjabónate, límpiate". Tuve que hacer todo eso delante de todos. Se rieron cuando me degradaron y mi privacidad fue invadida. Me sentí tan violada. Tuve que vivir en este vecindario, ir a la escuela en este vecindario y pasar junto a esta gente a diario después de esta tortuosa experiencia. En ese momento quise morir; No quería vivir más. No tenía sentido vivir porque la imagen que tenía de niño ya estaba destruida en el barrio. ¿Cómo se supone que debo caminar a la escuela? Lo peor sucedió mientras caminaba hacia la escuela. Todos susurraban y chismeaban. Los chistes decían: "Oye, ¿viste el video de Christine bañándose en la bañera y cómo ella ..." fue simplemente horrible.

Realmente no tenía un amigo cercano en quien confiar y con quien compartir mi situación en casa. Realmente no me acerqué a la gente. Mi vida social diaria consistía en estar dentro y fuera de peleas. Entonces estaba peleando con alguien o comenzando algo y era simplemente mi forma de atacar debido a la ira reprimida. No me importaba meterme en problemas porque ¿qué podía ser peor que lo que me hizo mi mamá en casa? Si no me estaba golpeando con un cinturón, me estaba llamando con todos estos nombres. Entonces, ¿qué me hará realmente una suspensión escolar o pelear con una chica?

Nunca me importó tener amigos. Todas las personas con las que me hice amigo resultaron ser uno de sus amigos o uno de sus enemigos. Era fácil para mí enojarme; simplemente decía algo incorrecto y me enfurecía. Pero había un amigo del vecindario. Ella estuvo presente sólo por un corto tiempo porque no se me permitía hacer mucho con ella. Estar tanto adentro no ayudaba a mi nueva amistad. Cada vez que quería andar en bicicleta y le pedía permiso a mi mamá, recibía un rotundo no como respuesta. No tenía mucha gente en la escuela secundaria con la que fuera cercano; Estaba más bien descubriendo quién era yo, por qué me pasaban ciertas cosas y qué vendría después.

Puede que no haya tenido un puñado de amigos en la escuela secundaria, pero sí tuve algunos. Luego siempre había quienes, por celos, intentaban ver hasta dónde podían presionarme. Como resultado, hubo un par de peleas que tuve en la escuela secundaria y un par de peleas en la escuela secundaria. Solo estaba luchando contra las emociones. En un momento estaría bien y luego alguien diría algo y estaría fuera de mi elemento. Podría ser la cosa más simple que escucharía decir a un estudiante y al instante me enfurecería.

Seguí luchando. La mayoría de las veces la gente simplemente se metía conmigo y yo empezaba a pelear. Recuerdo que peleé con esta chica en la escuela porque me llamó la atención y escuché que le decía a la gente en la escuela que yo era promiscua. Yo no era nada de eso y solo recuerdo que se me enfrió toda la piel. Sentí un fuego en el estómago que nunca antes había sentido. Tenía rabia como mi madre y mi padre, pero era una ira magnificada. Fui a buscarla al lugar habitual: un restaurante. Pregunté a todos los que la conocían si la veían. Luego la encontré y regresé a la escuela, y sin duda le di una paliza. Todos dijeron que la forma en que peleé no era normal porque la arrojé a través de una ventana de vidrio y me fui.

Otro incidente ocurrió en la escuela secundaria. Peleé con una chica antes de mi ceremonia de graduación. Justo antes de que se suponía que debía acercarme a recoger mi diploma, comenzó la pelea. Golpeé a una chica y luego corrí por el escenario y recogí mi certificado. No fue más que una pelea estúpida. Alguien me dijo que una chica dijo cosas sobre mí. Si hubiera tenido sensatez en aquel entonces, lo correcto hubiera sido preguntárselo. Resultó que ella nunca dijo las cosas de las que la acusaba. Yo estaba con mi vestido, ella estaba con su vestido y fue malo. Hubo tirones de cabello, patadas y lanzamientos por el suelo. Le di una paliza y escuché mi nombre, así que agarré el alfiler de mi cola de caballo, lo volví a colocar en su lugar como si nunca se hubiera soltado, entré al estadio al otro lado del escenario y obtuve mi diploma. Más tarde descubrí que me suspendieron para el comienzo del próximo año escolar y que tenía que ir a la escuela de verano.

Luego le di una paliza a esta chica en la escuela. Vivíamos en el mismo barrio y cada vez que la veía seguíamos peleando. Simplemente peleábamos entre nosotros y era como una práctica de sparring. Mientras nos viéramos, si ella estaba con su hermano, si yo estaba con mi hermana o si nuestras mamás estaban presentes, estaría encendido.

Finalmente eliminamos las travesuras. Es una historia bastante divertida: yo escribo este libro y me encuentro con el mismo archienemigo de la época escolar. Mientras hablábamos y caminábamos por el camino de los recuerdos, ambos estuvimos de acuerdo en que éramos jóvenes y tontos y no teníamos nada mejor que hacer. La mayoría de los niños con los que peleé en ese momento eventualmente arreglaron su relación conmigo, porque ahora nos hemos convertido en adultos responsables.

Había un chico con el que salí y que realmente pensé que estaría ahí para darme apoyo moral. No sabía que mientras estaba en terapia, recuperándome y luchando contra mis demonios, él se conectó con mi mejor amigo. Peleamos y ella terminó alejándose y finalmente se mantuvo alejada. Intentó contactarme, pero las cosas nunca volvieron a ser iguales.

En la escuela secundaria, no estaba realmente concentrado en lo que quería hacer profesionalmente. Anhelaba mi libertad, así que comencé a salir con un grupo de amigos. Fue entonces cuando estuve expuesto al tabaco. Empecé a fumar y empecé a faltar a clases. Básicamente simplemente hice lo que quería hacer. A los dieciséis años mi madre me echó.

La decisión de dejar la casa de mi mamá y vivir con mi abuela estaba tomada con firmeza. Todo lo que pasó fue abrumador y mi madre era tóxica. Ya no quería ser parte de eso, así que me fui para quedarme con mi abuela. Lamentablemente regresé, pero solo necesitaba algo de tiempo. No sentí que alguna vez hubiera superado realmente el abuso. Lo dejé atrás porque necesitaba seguir adelante con mi vida.

Estaba en transición de adolescente y me estaba convirtiendo en adulto. Parecía que me obligaban a seguir adelante en lugar de curarme realmente. Mi terapeuta seguía diciéndome que lo superara. Incluso mi madre me decía que lo superara. El descaro de ella. No hubo pasos progresivos hacia la verdadera curación. Hice la asesoría, pero no llegué muy lejos con el proceso. Fue entonces cuando supe que mi ira comenzaba a mostrarse y no sentía que estuviera lista para sanar. Así que terminé saliendo de muchas sesiones y no asistiendo a muchos de los programas porque no estaba preparado. Con el tiempo aprendí a aislarme de todos, porque después de eso, la única persona con la que realmente me conectaba era mi abuela y algunos miembros de mi familia inmediata.

Conocí a mi papá a los dieciséis años. Apareció en la puerta durante la fiesta de mi decimosexto cumpleaños que mi abuela planeó para mí. Estaba bastante confundido. Realmente no sabía quién era. No dio mucha presentación. Él simplemente dijo: "Soy tu padre". Hablaríamos de vez en cuando. A veces venía a mi escuela a recogerme para almorzar. No sabía mucho sobre él, así que el propósito de la reunión era conocerlo. No fue una relación forzada; sin embargo, de alguna manera, a la edad de dieciséis años sentí que ya era demasiado tarde. Ya estaba en la mitad de la flor de mi joven vida. ¿Por qué querría aparecer de repente?

Estuvo prácticamente presente durante los siguientes dos años, y cuando yo tenía dieciocho años me fui a vivir con él. Era posible que quisiera tener la experiencia de vivir con un padre, mi padre biológico. Mientras vivía con él me observaba como un halcón. Hacía cosas que se suponía que un padre no debía hacer, como entrometerse en mis llamadas telefónicas e invadir mi privacidad. Quería saber adónde iba, qué estaba haciendo, cómo lo estaba haciendo y eso era demasiado para mí. Se sentía como si no hubiera espacio para respirar a su alrededor. Realmente no sabía mucho sobre él, así que tenerlo frente a mí todo el tiempo no era algo con lo que pudiera lidiar.

Lo peor es que no estuve allí por mucho tiempo. Sólo estuve allí un año.

La nueva relación fue cuesta abajo rápidamente. Una noche vino mi hermana y, aunque planeaba ir a la casa de mi novio esa noche, me pidió que la ayudara a lavar la ropa. En casa de mi papá, sabía que lavar la ropa era caro a menos que fuera de noche o los fines de semana. En esas horas era más barato y no costaba mucho. Así que esperé hasta la noche para que mi hermana y yo pudiéramos bajar. Empezamos a lavar la ropa y, por alguna razón, se despertó furioso de la cama. Me gritó por usar la lavadora y dijo que estaba siendo astuto. Se quitó la ropa y la tiró al suelo. Luego, se volvió físicamente agresivo conmigo.

Esa era una línea que no podía cruzar. Una vez que hizo eso, me desmayé. Terminé agarrándolo por su camisa y lo empujé contra la puerta. Lo miré directamente a la cara y le hice saber: "Entiendo que soy tu hijo, pero no tienes derecho a ponerme las manos encima porque no pestañearía para terminar con todo". Podía escuchar a mi hermana y a mi madrastra de fondo diciéndome: "No, Christine, no lo hagas, él no vale la pena, ¡déjalo en paz!". Los escuché decir esto y aquello, pero como dije, al lidiar con tanta rabia y emociones encontradas cuando era niño, realmente no me importaba. A mi modo de ver, no me importaba si eras mi padre. Realmente no has hecho nada para tener estos privilegios conmigo. Si estuvieras en mi vida y me mostraras cómo hacer ciertas cosas, realmente no diría nada. Tal como estaban las cosas, él era simplemente un extraño. Entendí que sobre el papel era mi padre pero realmente no lo conocía, así que me defendí.

Durante la pelea, accidentalmente abollé la lavadora y él se volvió loco por el daño. Incluso quiso llamar a la policía. Me dijo que saliera de su casa y le dije: "Sí, claro, no hay problema". Procedí a subir las escaleras y hacer las maletas, sin embargo mi hermana me llamó la atención sobre el hecho de que ya era demasiado tarde para salir. Así que esperamos hasta la mañana y luego nos marchamos. Quedaron algunas cosas, así que regresé más tarde con mi prima y recogí mis cosas. Nunca miré hacia atrás en esa dirección. Esto ocurrió cuando yo tenía dieciocho o diecinueve años. Nuestra relación ahora es inexistente.

CAPÍTULO 3
ELEMENTOS DE MI

Mi primer trabajo tuvo que ver con la tutoría dentro de mi vecindario. Trabajé con Toronto Community Housing. Yo era responsable de crear un grupo para personas y niños del vecindario, y teníamos que asistir a reuniones y hablar sobre lo que queríamos para hacer el vecindario más seguro. Los vecindarios en los que mi mamá eligió vivir siempre estuvieron asociados con la violencia armada. Era un trabajo gratificante y seguí trabajando allí hasta que decidí irme, porque mi madre venía a mi lugar de trabajo y se burlaba de mí.

Me avergonzó delante de mis compañeros de trabajo y de mi jefe. Recuerdo un incidente en el que mis hermanos me llamaron y me pidieron dinero. Les dije en términos muy claros que ya no eran mi responsabilidad y que debían preguntarle a su madre. Es posible que se haya sentido profundamente ofendida porque vino a mi lugar de trabajo y me abofeteó, delante de mi jefe y mis compañeros de trabajo. Entonces vino mi ira. Ya fue suficiente. La Biblia dice "Honra a tu Padre y a tu Madre", pero ella definitivamente provocó la ira de este niño. Estalló una pelea entre nosotros dos.

He desempeñado diferentes trabajos. Actualmente soy Representante de Ventas de Atención al Cliente y también hago consejería en mi comunidad. Soy un trabajador de salud mental en mi tiempo libre y soy responsable de establecer tutorías para niños que han pasado por un trauma similar al que yo pasé o incluso peor. En ocasiones creamos presentaciones en plataformas de fácil acceso para ellos con temas como Vida Familiar, Educación, Salud y Sexualidad y Bienestar Mental, entre otras áreas de interés y relevancia. Mis compañeros de trabajo y yo elaboramos pequeñas guías para que las sigan los adolescentes. A veces comparto mis experiencias con ellos, pero siempre les hago saber que no tienen que pasar por todas las experiencias de la vida.

Fui abusado sexualmente, así que les imploro que vigilen su entorno y que no confíen en todos los que los rodean. Si un miembro de la familia se comporta de manera indecorosa, es motivo de preocupación. Sin embargo, parece que las diapositivas de la presentación nunca son suficientes; Siempre tienen preguntas dirigidas a mí con bastante frecuencia. Me preguntan cosas como: "¿Cómo creciste?" Les hice saber que tuve cierta desventaja al crecer debido a la discapacidad de aprendizaje. No les oculto la verdad sobre mi pasado. Comparto mis conocimientos sobre lo que quieran saber y brindo un servicio honorable para su tranquilidad. Una pregunta que siempre recibo de los niños es: "¿En qué se diferencia mi vida ahora que soy madre respecto a cuando era niña?" Mi respuesta a esa pregunta es que ser madre me ha enseñado a tener paciencia para poder controlar mi enojo. Debo ser esa torre de fortaleza a la que mi hijo pueda admirar, sin dejar de ser amable y cariñoso.

De mi propia experiencia con mi mamá, he aprendido la importancia de escuchar y prestar atención a mi hijo. Voy más allá de simplemente prestar atención a lo que hace mi hijo. Me involucro en ver los programas y películas que le gustan. Reservamos nuestro propio tiempo de unión individual para poder crear recuerdos juntos. Cuando era niña, mi madre no hacía eso, así que sólo tengo recuerdos podridos. Lo único que sabía era que ella era mi madre, vivíamos en una casa, ella hacía comida pero no había tiempo de calidad. Era más como si fueras mi madre y se supone que debo escuchar todo lo que me digas que haga porque es la ley.

Mi abuela falleció hace tres años. Fue muy difícil para mí lidiar con eso. No siento que nadie me entendiera como ella me entendió. Cuando tenía ciertos problemas o decisiones que enfrentaba, ella siempre era la persona a la que acudía en busca de ayuda y mientras intentaba resolver las cosas. El hecho de que ya no la tengo cerca significa que no puedo hacer muchas de las cosas que quería hacer, como contar mi historia. Cuando era niña le dije que quería escribir este libro sobre mi vida. Básicamente me dijo: "Sí, hazlo". Me ayudaría a sanar. Estaba en el proceso de preparar el guión, pero cuando la perdí me desmayé. No me importaba mucho nada. Hablamos de este libro durante años. Me gustaría que ella supiera que estoy agradecida por todo lo que ha hecho y que sin ella no sería la mujer que soy hoy. No habría podido superar todas las estadísticas que superé en mi vida, si no fuera por ella.

La vida como madre ha sido desafiante porque hay ciertas preguntas que tengo sobre la crianza de los hijos que me gustaría discutir con mi madre o mi abuela. Sin embargo, no tengo la oportunidad de hacerlo. Lo hago todo yo sola a pesar de que mi prometido, su padre, está presente en nuestras vidas. Me hubiera encantado tener esa relación madre-hija con mi madre. Cuando otras personas dicen que sus mamás están ahí para ayudarlas durante el embarazo y que pueden contarles cualquier cosa, no sé qué significa eso porque no tengo eso. No siento que haya nada en este mundo que pueda hacer para ser aceptado por mi madre. Es sólo una cancelación. Es algo que desearía poder cambiar porque sé que los pensamientos negativos que ella abrigó sobre mí en el pasado son infundados.

He superado una serie de obstáculos que ella quizás pensó que yo nunca habría superado. No quedé embarazada a los dieciséis años, no abandoné la escuela, sino que me gradué, al mismo tiempo que lograba ganarme la vida y ser una gran madre para mi bebé. Es muy extraño, pero mi mayor temor es convertirme en ella. Por ejemplo, ¿qué pasa si muestro rasgos similares a los de ella? Temo no querer escuchar a mi hija y dejarla fuera debido a mi experiencia pasada con mi madre.

Hago lo mejor que puedo como madre pero todavía estoy creciendo y aprendiendo. He llegado hasta aquí. Mi hija está por cumplir cinco años. Me resulta muy difícil porque mi mamá no está y entiendo que nunca estará. Mi abuela tampoco está aquí y le habría hecho todas mis preguntas sobre la paternidad. Sé que mi hija y yo seremos cercanos. Sin secretos. Todo lo que es importante para ella es importante para mí. Ningún celos debería interponerse entre nosotros.

El color de nuestra piel o el tipo de cabello que ambos tenemos nunca debe convertirse en un punto de discordia entre nosotros.

Le leo a mi hija y le digo todos los días que la amo y que estoy agradecida de ser su madre y que estoy agradecida de que sea mi hija. Hablo palabras de afirmación y digo: "Eres hermosa, puedes hacer cualquier cosa y eres fuerte". Mi madre realmente no hizo nada de eso y realmente no dijo te amo.

Felicito a mi hija por todo lo que hace y la afirmo diciéndole lo orgulloso que estoy de sus logros. Incluso cuando comete pequeños errores, sé que todavía está creciendo, así que le explico los tiempos de espera que le dan y por qué los recibe. No la envío simplemente a su habitación cuando hace algo mal. No arremeto contra ella ni le doy el trato silencioso. Hablo con ella. Por ejemplo, diría: "Está bien, sabes que hiciste esto y mamá no está contenta y por eso necesitas un tiempo de descanso". Entonces hay más comprensión y un nivel de confianza que se extiende entre mi hija y yo.

Cuando tuve a mi hija no rechacé ningún tipo de relación con mi madre o mi padre para no privar a mi hija de tener abuelos en su vida. Esta fue una oportunidad para que mi madre se redimiera como una mala madre y tuviera éxito como abuela. Estaba seguro de haber eliminado los estereotipos familiares negativos de la educación de mis hijos. Lo único en lo que necesitaba concentrarme era en la calidad de la comunicación entre mi madre y mi hija.

Tenía que asegurarme de que mi madre no cargara con mi hija el mismo tipo de venganza que tenía hacia mí.

Más tarde descubriría que mamá es quien es y que nunca cambiará. La escuché decirle cosas a mi hija como: "Tu mamá es como una vagabunda, es 'tonta', es estúpida, no tiene sentido". Esa energía negativa no tenía cabida alrededor de mi hija. Ella no necesita oír eso. Ella es una niña y debería seguir siéndolo, así que básicamente interrumpí a mi madre. No quería lidiar más con eso. Lo intenté; Disculpé su comportamiento por un tiempo, siempre censurando la palabrería para proteger a mi pequeña y al mismo tiempo darle una oportunidad real de conocer a mi madre, su abuela y su nana. Sin embargo, las cosas no estaban bien con su madre y su nana porque yo todavía odiaba mucho a mi madre, y por una buena razón.

Ella haría cualquier cosa para saber de mí, pero está bloqueada en todas las plataformas, tanto en el teléfono como en el iPad. Cuando no puede llegar a mí, intentará llegar a uno de mis hermanos. Le preguntaba a mi hermana: "¿Cómo está? ¿Sigue luchando con su vida?". Su deseo es escuchar que necesito ayuda. En su mente, le agrada pensar que ella me hizo toda esta mierda y aun así corrí hacia ella en busca de ayuda, pero ese nunca será el caso. Durante la última conversación telefónica que tuvimos, dejé claro: "¡Si alguna vez me encuentro en una situación, prefiero caminar desnudo y decir que estoy loco antes de regresar a tu casa!".

Siento mucho, especialmente considerando lo que he pasado y tener que hacer tutoría. Hay muchos momentos desencadenantes que experimento. Cuando hablan de mi madre me pongo nervioso porque realmente no quiero saber nada de ella. No me gusta hablar de ella porque no me gusta. Nunca entenderé qué haría que una madre se rindiera con su hijo de la misma manera que me abandonó totalmente a mí.

Disfruto estar cerca de mi hija y pasar tiempo con ella. Si alguna vez tuviera la oportunidad de renunciar a ella, no sería una opción, sería imposible siquiera considerarlo. Hay ciertas cosas que surgen en una conversación como, "Cuéntanos un poco sobre lo que pasaste cuando eras niño" o preguntas casuales sobre el Día de la Madre o el Día de la Familia. Realmente no tengo ninguno de esos recuerdos. Mis amigos decían: "Sabes, mi mamá y yo hablamos todas las noches" o "Mi mamá estuvo allí durante mi embarazo". Mi mamá hace esto o aquello. Esta señora no puede identificarse con ninguna de esas eventualidades. Así que a veces me enfrento a muchas emociones y me duele hasta lo más profundo. En mi caso, no es uno de los padres, sino dos, los que se equivocaron, lo que me hizo maniobrar por el mundo prácticamente solo. Para mí, diría que ha sido prueba y error.

Lo que quiero que la gente se lleve de mi historia es que, aunque enfrenté estos obstáculos y desafíos en mi vida, nunca me rendí. Siempre veo una luz en cualquier situación. Entonces, ya sea que estuviera enojado o triste, siempre supe que había más en mí que la situación que estaba experimentando.

Ella realmente no se hizo responsable de nada. Cada vez que mencionaba la historia del tratamiento con agua fría, ella decía que nunca hizo eso. Ella dijo que era la mejor madre para mí. La miraba y le decía que debía estar loca, porque a menos que tuviera dos madres diferentes, la que ella pensaba que era para mí no era la madre que yo tenía. No quiero arreglar nada con ella y no quiero tener nada que ver con ella. Ha hecho demasiado y es más daño que reparación. En retrospectiva, las cosas que ella hizo mientras crecía me animaron a ser una "persona más grande". Es útil pensarlo de esta manera sólo para establecer algún tipo de resolución.

Me senté cuando era niña y traté de entender por qué ella hacía lo que hacía; por qué no me crió como debería haberlo hecho. Cada vez que la perdonaba ella hacía algo peor. A menudo me preguntaba cómo tenía tanto tiempo libre para caminar por el vecindario y difundir malos rumores sobre mí. Ella les diría a mis hermanos y a mi hermana que soy un engendro de satanás. Ella decía que no soy de ella y que deseaba abortarme. Si no encontrara mis alas y ejerciera mi libertad, ella todavía haría cosas para burlarse de mí. Antes de tener un hijo, ella le decía a la gente que yo era estéril y que mi útero estaba cerrado. Los padres normales no le dicen cosas así a sus hijos. Ella decía que nunca voy a encontrar un hombre, que voy a terminar embarazada y drogada y que lo único que sirvo es lo que hay entre mis piernas, por eso las abro con tanta frecuencia.

Ella permitió que los hombres me forzaran, y si ella fuera más madre, los hombres nunca habrían tenido la oportunidad de acercarse a mí. Fue descuidada y aun así usa términos despectivos cuando habla de mí. Tenía una visión clara de su vida. La vería pasar por muchas relaciones, por lo que mi idea de un hombre perfecto está sesgada en muchos sentidos porque ella nunca tuvo una.

CAPÍTULO 4
TORTURA

Un problema que estoy encontrando ahora es que tengo que andar de puntillas con toda mi familia. Incluso mi hermana, que es muy cercana a mí, no sabe que estoy escribiendo este libro. Cuando la gente me pregunta sobre mis distracciones o mis reuniones de Zoom, simplemente les llamo la atención sobre el hecho de que hago trabajo de salud mental; y que estoy ocupada preparando una campaña de salud mental en Zoom para los niños. Cuando se publique este libro, es posible que todavía no lo sepan.

Mi prima estaba recordando incidentes de mi pasado que eludían mi memoria. Mientras hablábamos, ella insistió: "¿Te das cuenta de que debido al abuso físico, emocional y verbal de tu madre, tienes trastorno de estrés postraumático?" Seguí hablando con ella y le dije: "No tengo trastorno de estrés postraumático". Ella dijo: "Sí, el hecho de que sigas repitiendo algo que no puedes dejar de lado indica que estás traumatizado por eso". Mi prima pasó a darme pequeños rellenos para las cosas que no podía recordar. Ni siquiera recordaba todas esas cosas. Continuó describiendo las cosas que tenía que hacer, como levantarme temprano para cocinar y limpiar. Empecé a recordar mientras ella seguía hablando. Sus visitas a nuestra casa eran frecuentes por lo que experimentó cómo mi mamá solía encerrarme en casa de lunes a viernes y yo tenía que limpiar la casa. Hubo momentos en que dijo que pasaría hambre porque mi mamá cerraba con llave los armarios con toda la comida. En otra ocasión mi mamá se me acercó por detrás y me golpeó con una olla en la cabeza. Mi prima contó que cuando caí al suelo, ella entró en la cocina después de que mi mamá se fue, me preguntó si estaba bien y revisó si estaba sangrando.

A veces, cuando contamos una historia, olvidamos que hubo otras personas involucradas, personas que vieron el trauma que pasé con mi madre. La historia no siempre es sólo mía para contarla. Cuando otras personas pueden hablar sobre incidentes en tu vida, eso es otro reino de horror.

Le dije que iba a convertir mi vida en una película y que firmaría mi nombre en papeles y sería famosa. A estas alturas ya debería estar leyendo este libro, y quedará asombrada por cómo se ha desarrollado el futuro y cómo se están cumpliendo las palabras que hablé.

Quiero que mis lectores sepan que me convertí en todas estas cosas debido a todos los obstáculos que atravesé en mi vida. Así me convertí en madre. Luchar. Eso es lo que hice. Tuve que luchar y perseverar a través de todo el terror que llovió sobre mi infancia. Me mantuve fuerte y hice algo por mí mismo. El objetivo completo aún no se ha logrado, pero es suficiente para que mi hija lo vea y se sienta orgullosa de ello. Siempre vi la luz al final del túnel. No sé si fue por mi abuela. Ella me inculcó ese hábito y siempre decía que con todo lo que pasas en la vida, si está escrito, también se puede desescribir.

A los dieciséis años me fui a vivir con mi tía después de vivir con mi abuela. Una vez me quedé en la casa de mi pastor y algunas noches dormí en el pasillo, sí, en las escaleras de nuestro departamento. Esto sucedió porque mi mamá me echaba y no tenía adónde ir. A veces estaba en casa de un amigo por un rato. No pude quedarme mucho tiempo allí porque mucha gente no quería provocar a mi mamá.

Todo el barrio ya sabía quién era ella, así que algunas noches dormía en el pasillo, en la escalera o junto a la puerta. Por la mañana, solo tendría tiempo suficiente para entrar a hurtadillas y cambiarme de ropa para ir a la escuela. Dormí afuera durante un buen par de días, hasta que un amigo que vio la situación repetidamente me llevó a su casa. Su madre era enfermera o trabajadora de apoyo personal (PSW) que trabajaba de noche, por lo que me colaba cuando su madre se iba. Por la mañana, sería hora de ir a la escuela y su mamá nunca sabría que yo estaba allí. En ocasiones podía refrescarme en su casa, y en otras ocasiones me refrescaba en el baño de la escuela, porque a veces no podía entrar a mi casa en absoluto.

De vuelta en mi casa, mi mamá les advirtió a mis hermanos y a mi hermana que no me abrieran la puerta. Entonces tiré piedras al cuarto de mi hermana, que también era mi cuarto, para que pudiera abrir la puerta. Ella decía: "No puedo, mamá dijo que no o me golpeará y me quitará mis cosas". Eran niños, ya sabes, realmente no podían hacer mucho.

Hubo momentos en que no tenía toallas sanitarias para mi ciclo menstrual. Muchas veces cuando dormía en el pasillo, estaba en mi período. Estaría en medio de una pelea o discusión y diría: "¡Dios mío, lo mío se acerca!". Cuando llegué a la puerta, estaba cerrada con llave, se activó el código de alarma y mi mamá se fue a la cama. Literalmente me escuchaba suplicar en la puerta y decir: "Todo lo que quiero es un tampón, ¿puedo conseguir una toalla sanitaria?". Y ella decía: "No, no, quédate ahí esta noche y soporta una vida dura". Mi única otra opción era ir a la tienda del dólar y comprar pequeñas siestas húmedas para tener lo que mi abuela solía llamar "baño rápido".

Después de ese incidente y justo antes de comenzar mi segundo año de secundaria, me mudé a vivir con mi abuela. Estaba a punto de empezar el décimo grado y tenía quince años. No me quedé con mi abuela permanentemente, pero durante el tiempo que estuve allí tuve que cambiar de escuela. Mi primera escuela secundaria fue en el área de Jane y Finch. Terminé el año restante en esa escuela mientras vivía con mi abuela. Luego me echaron por la pelea, así que fui a otra escuela y volví a vivir con mi madre. Ella me mandó llamar y mi abuela me rogó que me mantuviera en contacto con la familia. Así que volví.

Ocurrió un incidente cuando tenía dieciséis años y ese fue el colmo. Mi madre me pidió que hiciera algo y básicamente le dije "No". Mi hermano menor se involucró y me enojé mucho. Aunque le dije que se mantuviera al margen, él siguió empujándome y toqueteándome porque eso es lo que mi madre hacía cuando quería empezar a divagaciones entre mis hermanos y yo. Ella me los pondría. Ese día, en medio de la conversación, le dije a mi hermano: "¡Di otra palabra y te romperé la cara!" Mi mamá inmediatamente tomó eso, lo siguió y llamó a la policía. Les dijo que ya no me quería en su casa.

La policía me dio dos opciones: podía llamar a alguien para que viniera a buscarme o podía pasar la noche en un refugio. Según lo que sabía de amigos que habían estado en refugios y lo que me enseñaron en la escuela, no quería ir a un refugio. Entonces decidí llamar a mi tía. Tan pronto como le dije que mi mamá me estaba echando y que no tenía adónde ir, ella dijo: "Estaré allí en diez minutos". Ella me dijo que tomara todas mis cosas y la encontrara afuera. Ni siquiera me quedé fuera del apartamento después de que se fueron los policías. En cambio, esperé en el parque con todas mis pertenencias en un banco hasta que llegó mi tía.

La vida con mi tía era mucho mejor. Ella me enseñó cómo eran realmente las dinámicas familiares. Ella me enseñó lo que significaba tener una familia y, aunque era mi tía, me trataba más como a una hija. En su casa yo tenía responsabilidades, pero mi trabajo principal era ir a la escuela. Ella me dijo: "Incluso si no consigues un trabajo, necesito que te gradúes". Entonces ese era mi objetivo.

La escuela a la que asistí mientras vivía con ella era dura. El tipo de escuelas a las que tuve que ir se llamaban Escuelas Especiales. Eran como una escuela alternativa. Aunque tenía problemas de aprendizaje, no quería ir a esa escuela. Esto implicaba que me recogiera un autobús escolar cuando tenía dieciséis años y tenía diecisiete, y yo era alto, por lo que tomar el autobús definitivamente era un problema. Cuando llegaba, me escondía entre los arbustos y luego dejaba la puerta abierta por un rato hasta estar seguro de que nadie estaba mirando. Luego corrí hacia el autobús con la cabeza gacha.

Esta escuela tenía niños con necesidades especiales y discapacidades. Había niños como yo pero tenían más discapacidades mentales. Me mezclaron con todos: físico, mental y emocional. Lo bueno es que de allí hice un par de amigos con los que mantengo contacto hasta el día de hoy. También me gradué. Se suponía que me graduaría a los diecinueve años, pero no me gradué hasta el año siguiente. Fui a la escuela secundaria, pero nunca fui a la universidad.

Mi tía es la persona que realmente me mostró los entresijos y las reglas de ser mujer y ella me enseñó a cuidarme. Ella me enseñó a afrontar la vida. Ella sabía todo sobre los problemas que tuve con mi mamá y todos los obstáculos que enfrenté. Ella siempre me dijo que, aunque mi vida era dura, mi vida no se trataba de eso. Con cada obstáculo que enfrenté, ella me explicó que eres tú pero que no eres tuyo. Ella me dijo que lo mirara como si fuera un tiempo o un momento. Había sucedido. Cuando pase, darás la bienvenida a algo más. Desde entonces, dejé de culparme y de desear ser diferente o normal. Llegué a un lugar de autoaceptación; Esto es lo que soy, así que o me tomas o me dejas.

Mi tía me dio experiencia de viaje. Nunca supe nada sobre viajes, así que mientras vivía con ella viajaba a menudo con su familia. Fuimos a Estados Unidos y nos fuimos de vacaciones a Jamaica. Me quedé con su familia en Jamaica por un día y luego haríamos nuestra propia visita al sitio. Hicimos excursiones, alquilamos una casa de huéspedes y conocí la escena de la fiesta. Fue muy divertido. Durante algunas fiestas viví un poco la vida, lo que contrastaba con estar siempre enjaulado. Me llamé a mí mismo "pájaro en jaula" porque nunca supe ciertas cosas.

Fuimos a Montego Bay y Mandeville. Incluso pude participar en un par de sesiones de vídeo y vídeos musicales. Conocí a muchos artistas. Fue divertido vivir con ella. Mi tía estaba en la escuela y también era madre de sus tres hijos y de mí. Estaba en contra de las Reglas del Código de Construcción acogerme debido a la violación de capacidad, pero ella me amaba muchísimo y de todos modos me hizo la habitación. Sus hijos eran más jóvenes que yo; dos niñas y un niño. Estábamos muy cerca.

Hasta el día de hoy mi tía no puede creer las cosas que me hizo mi madre. Una vez mi tía quiso llamarla y destruirla cuando escuchó que mi mamá le decía a la gente que no podía tener hijos y que en cierto modo estaba enferma. Le dije a mi tía que lo dejara en paz. En realidad le rogué porque sabía lo que haría mi tía.

En realidad, ella es una amiga muy cercana de mi madre desde hace mucho tiempo y es más bien una tía para todos los hijos de mi madre. A ella le gustó más cuando era niña porque vio por lo que pasé. Ella ha sido mi vía de escape durante años. Cada vez que salía de la casa de mi madre debido al abuso, iba a su casa y me quedaba allí durante semanas o meses seguidos. Cuando era niña, le dije que quería vivir con ella. Mi tía habría hecho el papeleo, pero mi mamá nunca estaría de acuerdo. Finalmente, a los dieciséis años, eso sucedió. No fue necesario ningún papeleo para mantenerme a esa edad. Fue mi propia elección.

Sólo andaba por la casa de mi mamá cuando tenía que ir a trabajar. Desde que trabajaba para Toronto Community Housing, esa fue la única vez que estuve en ese vecindario o cerca de mi madre. Cuando iba a trabajar, mi tía me llamaba y me decía: "¿Llegaste a trabajar?". "Sí." "¿Regresaste bien del trabajo?" "Sí." No hubo comunicación entre mi mamá y yo. Mi tía incluso me preguntó sobre la boda de mi mamá. "¿Quieres que te deje allí?" Le dije: "No, no quiero ir". A pesar de todo lo que mi mamá me hizo, mi tía siempre me permitió tomar mis propias decisiones. Ella me tranquilizaba y me decía que estaba bien si quería visitarla y hablar con ella porque, después de todo, ella era mi mamá. Le diría: "No, no quiero hablar con ella. Déjame en paz. Deja de mencionarla. Quiero bloquearla y sanarme".

Simplemente lo dejé pasar y ella nunca me juzgó por mi decisión. Ella decía: "No te culpo si no quieres hablar con ella, lo entiendo. Entiendo que muchas de las cosas que te hace son inhumanas". Mi tía me enseñó los valores familiares fundamentales porque no sólo me acogió, sino que me trató como una madre trataría a su propio hijo. Yo era familia. Nunca me perdí un retrato o una foto de familia o un viaje. Yo estaba incluido. No me dejaron fuera de la forma en que mi mamá me trataría. Entonces, el Día de la Madre, les daría todos los accesorios a mi tía y a mi abuela. Esas son las dos mujeres que fueron las figuras maternas en mi vida.

Mi hermana, por otro lado, le comprará sus regalos a mi mamá. Hasta el año pasado yo también le compraba regalos. No sólo porque era madre, sino porque yo realmente quería hacer estas cosas por ella. Ella ni siquiera llamó para agradecerle. Cuando comencé a trabajar, mi primer cheque de pago se destinó a ayudarla. A pesar de todo lo que ella ha hecho, todavía solía estirar la mano más de lo que debería.

Cuando era joven, aspiraba a ser trabajadora de manutención infantil. Hasta el día de hoy todavía quiero hacer esto y es un trabajo en progreso. Tenía que empezar por algún lado, así que comencé a trabajar como voluntaria en centros comunitarios y me involucré con los jóvenes. Entré en programas que preparaban a los estudiantes para la universidad y trabajé como esteticista. También trabajé en Shoppers Drug Mart y en una tienda de productos de belleza, que era algo que quería hacer cuando era joven. También trabajé en retail en diferentes puestos.

Mi mamá todavía se burlaba de mí a cada paso y difundía rumores sobre mí. Ella le decía a la gente que yo era una puta y que no haría nada por mí misma. Básicamente, ella hizo girar la historia según su narrativa. Ella nunca le contó a la gente lo que realmente pasó la noche que me echó, por lo que mucha gente preguntaba: "¿Por qué le harías eso a tu hermano y a tu madre?". No sabían la verdad sobre cómo ella era la persona que estaba en el fondo, ensartando a sus hijos como si fueran marionetas, abusando severamente de mí y destruyendo mi vida. Engañó a otras personas envenenando con mentiras sus opiniones sobre mí. Ella difundiría rumores de que yo estaba embarazada. En otra ocasión dijo que yo era estéril, que nunca podría tener hijos y que algo andaba mal en mí.

Como si eso fuera poco, puso a mis hermanos en mi contra, porque durante mucho tiempo, cuando viví con mi tía, realmente no tuve nada que ver con ellos. Honestamente, me hizo sentir de alguna manera, pero tuve que pasar por todo para convertirme en la persona que soy hoy. Entonces, una vez que me separaron, me separé de la familia. La única persona con la que me comunicaba era mi abuela y ella me informaba sobre los acontecimientos actuales. Ella me informó que mi mamá se iba a casar y me preguntó si quería asistir. Le dije "¡No!" Algunos familiares me rogaron que me reconciliara con ella, pero yo sabía quién era y que nada cambiaría.

Un ejemplo perfecto es cuando descubrí que mi madre tenía una relación con mi exnovio. Ella genera una cierta cantidad de odio y venganza hacia mí, así que todo lo que hizo fue un intento de lastimarme. Hubo mentiras, hubo rumores, pero todo ese escenario del exnovio era maligno de primer nivel. Imagina a tu madre involucrándose con quien alguna vez estuviste íntimamente comprometido. Me rompió. Ni siquiera me hace querer tener una relación con ella. ¿Cómo puede una madre hacerle conscientemente algo así a su propio hijo?

Eso me puso en una profunda depresión. Por supuesto que no me importaba este hombre de mi relación pasada. Lo dejé, pero era el principio de todo. Cuando lo confrontaron, dijo que no lo sabía, pero eso era mentira porque vi los mensajes entre ellos. Lo primero que le dijo fue su nombre y que era la madre de Christine. Él simplemente lo negó, dijo que no lo sabía y finalmente se disculpó. Luego intentó que lo aceptara de regreso. Lo interrumpí. Tal vez querían clasificarse para Jerry Springer o Maury, pero a mí no me gustaba eso.

Mientras tanto mi madre lo negó todo aunque yo tenía las pruebas. Ella trató de decir que no era nadie que me importara, entonces, ¿cuál era el problema? El hecho de que ella haya llegado al extremo de tratar de llenar un vacío con alguien con quien yo ya tenía una relación, una relación sexual, dice mucho sobre quién es ella realmente. ¿Por qué querrías ser parte de eso? Le dije que no intento estar con ninguna de sus antiguas parejas sólo para fastidiarla. Eso es desagradable. Al final del día, sé la verdad sobre lo que pasó.

Con el abuelo paterno de mi hija me duele el corazón porque no sé lo que alguien es capaz de hacer. No quiero que ella experimente lo que yo experimenté, así que tengo mucho cuidado. También soy muy estratégico sobre quién está a su alrededor y observo cada pequeño movimiento. Incluso con su propio padre, realmente no me importa. Tengo la guardia alta y le hablo de cómo me siento.

Ésa es la razón por la que necesito escribir este libro. Necesito que todos estos sentimientos sean liberados. Necesito ponerlo todo en este libro y publicarlo para poder vivir mi vida en lugar de vivir con dudas o miedo y tener estas cosas en mente. ¿Qué pasa si alguien intenta lastimar a mi hijo? ¿Qué pasaría? Estoy cansado de sentirme así. Estoy cansado de los qué pasaría si y de caminar sobre cáscaras de huevo con la gente. Quiero conocer gente y estar cerca de ellos sin ningún miedo, no sólo por mi hija sino por mi vida.

Ahora estoy tan cerrado y tan desconectado. Una persona tendría suerte si pudiera siquiera vislumbrar quién soy por dentro. Interrumpo a la gente fácilmente. Mientras no me funcione, no tengo tiempo para ello. Cuando lo corté, lo corté todo, lo corté a usted y corté la relación con mi hija porque no quiero que haya una puerta de regreso. No creo ninguna oportunidad para que vuelvas a mi vida. Simplemente no tengo tiempo.

Por lo que pasé, tengo las herramientas y el kit de seguridad. Sé qué hacer y nadie se acercará a mi hija en absoluto; no me importa quién sea. Le enseño todo el tiempo; Si alguien se acerca a ti, debes saber que es tu espacio personal. Se supone que nadie debe tocar tus partes privadas. No se limite a llamar a la policía. La primera persona a la que acudes soy yo. Como tu madre, díselo a mí, díselo a tu padre y luego nos encargaremos. Le hice saber todo; no hay lenguaje infantil, todo está sacado del libro. Nadie debería tocarte donde se supone que no debe ser tocado. Llamo las partes de su cuerpo individualmente y digo "tu vagina, eso es un no, no". Déjamelo saber.

En mi caso, imagina ser un niño describiendo lo que te pasó a manos de tu abusador. Yo era solo un niño y sentía que no tenía el conocimiento. Nadie me dijo que un hombre no debe tocarte la vagina, o que un hombre no debe tocarte el pecho o que un hombre no debe tocarte en absoluto. Me aprovecharon. Nunca me advirtieron ni me dijeron que si tu padre o alguien te abraza, se supone que no deben abrazarte de una manera inusual. Pensé que esas cosas eran aceptables mientras crecía. Realmente nunca me enseñaron que eso estaba mal. Nunca recibí las señales de advertencia.

Tengo que compartir mi historia porque estoy cansada de todos estos sentimientos en mi pecho y necesito dejarlos ir. No quiero sentarme y anticipar si sucederá algo. Me alegra saber que lo que pasé nunca le sucederá a mi hija. Independientemente de las circunstancias de su vida, siempre estaré ahí para ella. Ella nunca sentirá lo que yo sentí. Me sentí abandonada, sola, confundida, no amada y sentí que me estaban castigando.

CAPÍTULO 5
IDENTIDAD ROBADA

La primera vez que abusaron de mí tenía nueve años. Yo era un bebé. Llamaría a diferentes hombres para que vinieran a la casa. Algunos de estos hombres eran sus amigos o eran amigos de una amiga. En estas fiestas había alcohol y la gente fumaba. Mi habitación estaba arriba y siempre me sentaba en las escaleras y observaba lo que pasaba porque tenía curiosidad. ¿Por qué nos mandaron a dormir temprano y por qué nos apresuraron a terminar de cenar? Necesitaba saber por qué ella simplemente quería que nos apartáramos de su camino.

Eventualmente me iba a la cama y había un hombre en particular que siempre me pedía usar el baño. En lugar de ir al baño, entraba sigilosamente a mi habitación y procedía a tocarme todo el cuerpo. Sabía que esa no era la forma en que un hombre debía tocar a una niña, pero estaba en shock y confundida mientras este demonio pervertido me susurraba al oído que no debía decirle a nadie porque ese era nuestro secreto.

Mi madre nunca tuvo la sensatez de seguir al hombre escaleras arriba y asegurarse de que solo usara el baño. Muchas cosas que me sucedieron sucedieron bajo su supervisión. Mi mamá no tuvo conmigo las conversaciones que debería haber tenido conmigo. Por ejemplo, ¿qué haces si un hombre te toca de manera inapropiada? ¿Cómo se da una alarma? Había más miedo hacia mi mamá que ser abierto con ella. Porque, por un lado, ella no me iba a creer y ¿qué iba a hacer realmente? En mi opinión, ella no era un refugio seguro.

Una regla en mi casa es que *nadie puede pasar por la habitación de mi hija*, y aunque pases por delante del cuarto de mi hija, estoy detrás de ti como un halcón. Mi mamá ha negado su responsabilidad por la agresión y dijo *Siempre lo había querido y siempre lo he pedido. Ella sigue diciendo que hizo lo que sintió que tenía que hacer como madre.* No sé de qué está hablando porque realmente no hizo nada por mí. Me arruinó. Arruinó casi todo sobre mí. Mi discapacidad de aprendizaje, mi enojo y el hecho de que me tocaran tres veces cuando era niño comenzaron a sumarse. Realmente no hizo nada por mí. Cuando intentaba hablar con ella sobre eso, ella no quería hablar de eso. Ella me pregunta qué quiero que haga al respecto ahora. "Eres una mujer adulta", decía. Como si eso debiera negar el abuso. Lo único que hizo fue esconder las cosas debajo de la alfombra.

En mi primer año de secundaria fui abusada sexualmente por un miembro de mi familia. Eso, combinado con la discapacidad de aprendizaje, fue devastador.

Recuerdo que hubo un momento en que mi madre se fue por ese día. Nos dijo que la llamáramos si necesitábamos algo y que íbamos a estar solos. Recibí esta extraña llamada de ella y sonaba como si hubiera fiesta de fondo. Ella se rió y sonó como si estuviera bebiendo. Me dijo que una prima vendría a traernos cosas para la escuela al día siguiente. Al parecer se olvidó de que teníamos escuela por la mañana. No teníamos nada en la casa para sándwiches y no teníamos bocadillos para el almuerzo. Entonces ese primo venía de dondequiera que estuviera para dejar la comida. Pero en lugar de simplemente dejar la comida, terminó quedándose.

Estaba en el sótano y me preguntó qué estaba haciendo. Me encantaba ver Fear Factor. Entonces recuerdo que estaba viendo eso y él vino y se sentó en el sofá a mi lado. Estaba tan metido en el espectáculo y, de repente, comencé a sentir sus manos subiendo por mi cuerpo, tratando de manosearme.

Intentó besarme en el cuello. Lo miré y le dije: "¿Qué estás haciendo?", y él dice: "Oh, nadie tiene que saber que este puede ser nuestro secreto". Le dije que era mi primo mayor y que lo que estaba haciendo estaba mal. Él dijo: "Nadie lo sabrá. Estás creciendo para ser excelente. Así que este es el siguiente paso que debes dar para convertirte en mujer". Yo estaba como "¡No!" Él todavía estaba tratando de imponerse sobre mí y fue entonces cuando le di una patada. Usé ambas piernas y lo pateé. Voló hacia el horno del sótano y empezó a maldecir.

"¡Eres una pequeña perra! ¡Deberías sentarte ahí y escuchar cuando un hombre adulto te habla!" Le dije: "Eres mi prima mayor, soy como un bebé para ti. ¿Por qué haces esto?". Continuó: "Nadie lo sabrá. Tienes que mantener la boca cerrada, mirar y dejarme hacer lo que estoy haciendo". Recuerdo pelear con él y rascarle la cara. Yo estaba como, "¡Déjame en paz!"

De alguna manera logré escapar, así que subí corriendo a mi habitación y me escondí debajo de mi cama. Mientras me escondía debajo de mi cama, él tardó un poco en subir las escaleras porque creo que lo herí. Cuando subió las escaleras empezó a llamarme por mi nombre. "¿Dónde estás?" "Todo lo que quiero hacer es jugar y tú puedes jugar cualquier juego que quieras. Sólo quiero que juegues según mis reglas". Algo así. Entonces me tapé la boca para que no me oyera respirar. Luego fue por mi hermana menor porque estaba en la cama. Ella estaba durmiendo en la cama, pero yo estaba debajo, escondiéndome.

Luego me enteré de que mi mamá conocía todo su modus operandi. Ella permitió que esta persona entrara en nuestra casa sabiendo que estaba acusado de hacer lo mismo con otros niños. Ahora él quería continuar el patrón con sus propios hijos y yo no lo entendía. Incluso a veces se quedaba con nosotros y trataba de acariciarme debajo de la mesa. Cuando traté de decírselo a mi mamá, ella básicamente me dijo que estaba mintiendo. Ella decía sólo quiero atención, sólo quiero crecer y me preguntaba qué hice para que él pensara en mí de esa manera. Recuerdo romper a llorar. "No hice nada". Soy un niño. "¡Eres un mentiroso!" dijo. Me llamó perra y me acusó de intentar siempre vestirme de manera escandalosa delante de los hombres o cuando tenía compañía masculina.

Después de una buena palabrota, me castigaron. Estaba confundido. ¿Soy yo la que está siendo abusada sexualmente y ahora me castigan? Me envió a un lugar oscuro porque realmente me hizo pensar: ¿hice algo? Estaba tan confundido. Fui violada hasta el punto de quedar parcialmente muda. No quería hacer las cosas que mi mamá me pedía que hiciera, como ir a la tienda. Y definitivamente no quería estar en presencia de hombres.

Empecé a pasar por un cambio. Realmente no quería que me vieran y por eso adopté el personaje de "Tom Boy". Mientras hubiera compañía en mi casa, como cuando la familia me visitaba, me aseguraba de que mi cuerpo estuviera completamente vestido. Usaría pantalones cortos holgados y una camiseta. El cabello sería liso y recto hacia atrás. Podrías encontrarme afuera con los chicos, relajándome en la cuadra. No hablaría a menos que necesitara que me escucharan.

Cuando eso sucedió, quedé expuesto a todo el sistema judicial. La policía invadiría mi vida y mi espacio. Venían a mi escuela y me recogían para asistir a ciertos programas. Dijeron que era necesario que sanara. Esos programas no me ayudaron a sanar porque no era el momento adecuado. En lugar de curarme, comencé a desatar una enorme cantidad de ira y mi ira, como la verdadera ira, salió porque estaba lidiando con una discapacidad de aprendizaje. Estuve lidiando con todo eso además de haber sido violada en mi casa a una edad temprana. Ni siquiera era un adolescente.

Uno de estos incidentes simplemente desapareció en silencio. El segundo incidente con el familiar llegó a los tribunales. La policía se involucró y me metieron en muchos programas.

No ganamos el caso porque dijeron que no se encontró semen en mí y por lo tanto era difícil probar lo que pasó. Ese supuesto "pariente" tenía gente de su lado. Lo defendieron y dijeron: "Él no es esta persona", "Él nunca podría hacer esto" y que tenía sus propios hijos. Nada de eso importó. Sé lo que pasó y dije mi verdad.

Fue muy difícil porque realmente no pude contarle lo que realmente pasó. Se suponía que el marido de mi abuela era mi abuelo. Viví con ella pero esa es la razón por la que volví a casa. Entonces traté de reconciliarme con mi mamá y darle una oportunidad; era el mejor de los dos males. Cuando estaba en casa de mi abuela, este hombre se colaba en mi habitación. Se sentaba en mi cama, me tocaba la pierna, me miraba salir de la ducha y hacía comentarios sexuales. Me sentí asqueroso e incómodo. Tenía muchas ganas de quedarme con mi abuela pero no podía soportar sus maneras pervertidas. Me enfermó y me duele hasta el día de hoy, porque realmente no pude hablar en profundidad con mi abuela sobre todo el asunto. Ahora que ella ya no está aquí, no hay nada que pueda decir o hacer. Desde que ella falleció, no tengo conexiones ni formas de encontrar a este hombre para asegurarme de que enfrente el castigo que merece. Todo lo que tengo es mi historia, mi lado versus el suyo.

También sé que no fui el único al que abusó sexualmente. Tengo otro primo del que ciertos miembros de la familia conocen. Ésa es otra razón por la que me separo de ellos. Lo saben y en lugar de hacer algo, simplemente lo ignoran. Fue a la cárcel, tenía una orden judicial en su contra, pero lo sacaron bajo fianza y simplemente desapareció. Eso no es un castigo. Básicamente le dices a la persona que puede salirse con la suya y volver a hacerlo. ¿Cómo es posible que algo así desaparezca?

Mi abuela es muy querida en mi corazón. Cuando se enteró, abrió una brecha entre nosotros. Ella se distanció de mí porque no lo supo de mí. Ella me llamó y me preguntó por qué no se lo había dicho, y mi respuesta fue: "Has estado con este hombre durante casi veinticinco años. ¿Cómo se supone que debo decirte, siendo tu nieta, que tu marido durante veinticinco años es un pervertido o un depredador?". Ella dijo: "Sé que fue difícil, pero deberías haberme dicho algo". Fue difícil. No quería agregar eso a todo lo que estaba reprimido dentro de mí y pesaba mucho sobre mi pecho. Fue demasiado.

Fue un incidente tras otro y no tenía paz. Así que mi forma de lidiar con las cosas era esconderme, excluir a la gente y dejar que la gente lo descubriera por sí misma. Es posible que haya dejado pequeños fragmentos como un rompecabezas para que ellos lo resolvieran, si les importaba lo suficiente lo que estaba pasando. Esa situación duele hasta el día de hoy. Ojalá tuviera la oportunidad de pasar tiempo con ella, para poder contarle todo lo que pasé mientras vivía en su casa. Él simplemente entraba a la ducha cuando yo estaba allí y hacía comentarios sobre mi cuerpo. Lo encontraría en sitios porno masturbándose. Una noche me desperté y él estaba masturbándose en mi puerta. Ese idiota me impidió vivir con ella. Antes de irme, simplemente le dije que quería darle otra oportunidad a mi mamá, lo cual, por supuesto, era mentira. Simplemente no podía decirle lo que realmente estaba pasando.

Recién estaba comenzando la escuela y descubriendo lo que significaba tener amigos y pasar el rato y esas cosas. Luego me robaron eso. Cuando iba a ciertas sesiones de terapia me decían que recordara el incidente. Eso no funcionaría porque estaba tratando de olvidar. Yo era una niña y no quería recordar mi abuso. Una noche, cuando sucedió, recuerdo haber intentado quitarme la vida. Tenía una navaja en la mano mientras estaba sentado en el baño, encima del inodoro y no podía entender lo que me pasó. Imagínate contárselo a tu propia madre y ella se niega a creer que alguien te lastimó. Era más de lo que podía soportar.

Mi abuela me creyó y trató de cerrar la conversación entre mi mamá y yo. No había explicación para su incredulidad. La tarjeta para salir de la cárcel de mi madre sería inventar mentiras y decir que soy un mentiroso conocido. Le dijo a mi abuela que me vestía provocativamente en la casa y que quería que me pasara eso. Mi madre me culpó por el abuso que sufrí.

Me sentí inútil. Incluso si cuando era niña, a su vista, estaba vestida de manera inapropiada, era mi hogar y donde vivía bajo el cuidado de mi madre. Esto ocurrió en un espacio que debería haber sido mi refugio seguro. El hecho de que haya sucedido en mi casa y lo haya hecho un miembro de la familia me hizo sentir inútil. Me hizo preguntarme qué significaba ser mujer. *¿Se suponía que debía aceptar esto? ¿Estuvo esto bien?* Esas eran preguntas que daban vueltas en mi mente. La confusión que siguió me hizo creer que mi madre tenía razón acerca de que yo quería que estos eventos me sucedieran a mí. Entonces comencé a preguntarme qué hice para que este hombre me mirara de esa manera y qué lo hizo sentir así hacia mí.

Pasé por un montón de emociones. Terminé cortándome el muslo.

Una vez traté de asfixiarme debido a los problemas que mis hermanos y mi hermana causaron mientras estaban bajo mi cuidado. Yo era el mayor. Yo fui responsable de ello, y ni siquiera fue el problema que causaron, sino más aún la vergüenza. Allí estaban mis hermanos, mi hermana y creo que mis primos. Mi mamá llegó a casa y comenzó a quejarse de los platos sucios y del piso no limpio. "¿Qué has hecho en todo el día?" ella gritó. Intentar explicarle fue inútil. Fue difícil porque tuve que cuidar a mis hermanos, mi hermana y mi prima todo el día, asegurándome de que todos estuvieran bien. A ella no le importaba; Ella se acercó a mí y me abofeteó delante de todos los demás niños. Continuó gritando: "¡Ve a la cocina y empieza a lavar los platos!". Me quedé llorando y las lágrimas rodaban por mi rostro mientras lavaba los platos. Nadie se preocupaba por mí. ¿Qué hice en la vida para merecer este tipo de trato por parte de mi madre?

Esa noche cuando todos se iban a dormir, tuve una conversación con ella y le dije que me iba a suicidar. Básicamente repasé todo el plan. Tomé la almohada y traté de asfixiarme. Lo sostuve sobre mi cara con todo el peso que pude, para poder tomar el último aliento. Básicamente se rieron de mí todo el tiempo porque pensaban que era muy tonto de mi parte intentar algo así, porque en sus mentes no iba a resolver el problema.

Me di cuenta de que mi prima me quería; mi hermana, por otro lado, estaba en su propio mundo. Ella era como una diva. Entonces, si no encajaba en su agenda, realmente no le importaba. Si no tuviera nada que ver con ella, no le importaría. Pensé para mis adentros que, al final del día, ella todavía era bastante joven y todavía se estaba descubriendo a sí misma. Mi prima, por otro lado, no tenía la misma edad, pero teníamos edad suficiente para hablar. Básicamente me estaba diciendo que quitarme la vida no valdría la pena.

Aunque éramos niños la conversación tomó otro rumbo. Mi prima me recordó que había mucho por lo que vivir y que esperar, especialmente la escuela y el baile de graduación. Ella dijo: "¿Qué tal si te casas o tienes hijos? ¿Realmente quieres perderte todo eso?". Pequeñas cosas como esa me mantuvieron firme y comencé a ver un poco más claramente. Mi abuela siempre me decía que leyera la

Biblia y el diario, lo que me ayudó a retomar el rumbo. Es también la razón por la que tengo la fuerza y la capacidad para escribir este libro.

La cosa es que mi abusador es mi madre y mi padre. Todas estas otras cosas que me sucedieron fueron malas, pero nada duele más que el dolor de mis padres. Ellos fueron los responsables de protegerme de todas estas cosas. Estas cosas nunca deberían haberme pasado. No tenían el coraje que tienen los verdaderos padres y el que yo tengo con mi hija.

Estoy tan asustada, tan protectora, tan castigada, tan cariñosa y tan cariñosa con mi hijo. Si tuvieran una pizca de eso conmigo, entonces probablemente estaría más adelante en la vida. No digo que nada de lo que hicieron me detuviera, porque no fue así. Pero fue un gran obstáculo. El trauma que pasé obstaculizó el proceso de ir a la universidad.

Soy una madre que se esfuerza por dar ejemplo a mi hija. Me duele que haya personas mayores que yo que se hayan graduado y hayan cumplido sus aspiraciones profesionales. Ahora siento que se me acaba el tiempo. Me recuerdo a mí mismo que el cielo es el límite y que seguiré llegando hasta tocar el cielo. Siempre tuve miedo de salir de mi zona de confort, pero ahora estoy viviendo mi mejor vida.

Cuando finalmente la visité en el hospital por última vez, le grité y le dije que lo sentía. Lamenté no haber venido y lamenté mantenerme alejado. Mi consejero me dijo una vez que dejar ir significaba estar en paz. Probablemente no habló para hacerme saber que me perdonaba, pero después de soltarme, y mientras se iba en paz, me escuchó decirle todo lo que tenía que decirle. Sólo sé en mi corazón que ella está en paz.

No profundicé, solo le dije: "Sea lo que sea por lo que pasamos, necesito que sepas que te amo, necesito que estés aquí para mí y para mi hija". "Quiero que ella crezca para verte". Entonces mi prima le dijo todo lo que tenía que decirle. Ella simplemente se soltó y eso fue todo. Estaba conectada a una máquina de oxígeno y empezó a funcionar muy rápido. Ella siguió y siguió hasta que entró la enfermera y nos dijo que el horario de visita había terminado. Salí del hospital a las cinco de la tarde, y como a las ocho o nueve llegué a casa y comencé a bañar a mi hija. Por alguna extraña razón, mi hija no salía del baño hasta que yo respondía a esa llamada.

Me perdí la primera llamada telefónica que era de mi mamá; No respondí su llamada. Entonces mi tío llamó, pero no pude contestar, así que le devolví la llamada. Fue entonces cuando me dio la noticia del fallecimiento de mi abuela. No le creí y me dijo: "Está bien, entonces si no me crees, habla por Facetime con tu madre". Así lo hice y ella dijo: "¡Míralo, abuela muerta!" Cambió las cámaras que mostraban el cuerpo sin vida de mi abuela tirado en la cama del hospital.

Recién comencé mi viaje como madre. Su marido no estaba por ningún lado. Él simplemente estaba hablando a través de su teléfono como un fantasma y sabía que no podía recuperarse. Debido a la persona que soy, no había ninguna maldita manera de que él pudiera quedarse en esa habitación del hospital junto a su cama conmigo y ver cómo se derramaban lágrimas por mi abuela, todo mientras estaba sentado allí como si nada hubiera pasado. No vino al hospital y definitivamente no asistió al funeral. Me alegro que haya sido así, porque si él estuviera en ese funeral o si estuviera en el hospital, te juro que estaría en la cárcel. Distorsionó la imagen de un abuelo y la convirtió en algo feo.

Siento que cuando la mayoría de las personas han afectado a un niño, necesitan aceptar el hecho de que lo lastimaron. No tiene sentido cuando la gente lo niega y dice: "No, yo no te hice esto" o "Eres un mentiroso". Es especialmente traumatizante cuando sabes lo que pasó y la persona que te lastimó simplemente se queda sentada sin darse cuenta del daño causado. Dicen cosas como: "¿De qué estás hablando?" "Nunca te toqué." "Nunca intenté tener sexo contigo".

No entiendo cómo los pedófilos, los abusadores de niños e incluso los violadores se dicen a sí mismos: "Sí, yo no hice esto". "No lastimé a esa persona".

Sentí que eso fue lo que me desanimó de escribir esto hace años. Porque ¿quién realmente me iba a creer? Yo era un niño. Corrí hacia la persona que se suponía debía protegerme: mi mamá. Ella me envió de camino llamándome mentiroso o acusándome de querer ese sentimiento. No sé. ¿Cómo pude haberme mantenido callado? Yo era una niña pequeña.

Básicamente dijo que cuando era niño yo era muy promiscuo. Y en mi época, por lo que recuerdo, nunca fui así. Pero incluso si quieres seguir con esa historia, un hombre, especialmente un hombre adulto, debe conocer la diferencia de edad entre él y un niño. Yo tenía nueve años cuando esto sucedió. Luego volvió a pasar cuando estaba en la escuela secundaria y un poco antes de ir a la escuela secundaria. Todavía me estaba descubriendo a mí mismo. No entiendo cómo alguien podría decirme: "Oye, acuéstate". "No, es nuestro pequeño secreto". Esa parte es simplemente enfermiza.

Me envió a un lugar oscuro porque realmente me hizo pensar; ¿Hice algo? Estaba tan confundido.

CAPÍTULO 6
LA MALDICION DE MI MADRE

Sentí como si cualquier maldición que se le invocara fuera transferida a mí. Sentí que mi madre era la razón detrás de muchas de las cosas por las que pasé. Mi abuela decía: "Si cyaan ketch di hen, yuh ketch di foul". Mi abuela es de Jamaica y siempre le pregunto "¿Qué significa eso?" Ella dice: "Si no puedes atrapar un pollo, atraparás a sus crías. Así que sentí que todo lo que mi mamá soportó era para mí. Quien no pudo atrapar a mi mamá, definitivamente me alcanzó a mí.

Mientras crecía, escuché todas las historias sobre lo que mi mamá solía hacerle a la gente y cómo los trataba. Tengo la teoría de que la maldición de lo incompleto sobre ella, y todo lo que quedó sin hacer, me llegó a mí. Me sentí así durante años y todavía me siento así hasta el día de hoy. Ella era muy pendenciera; a ella no le importaba lo que le hacía a la gente. Así te trató, no miró atrás. Me dijeron que ella era muy promiscua. Estaba envuelta en mucho drama, no tenía educación e hizo lo que haría cualquier padre joven sin orientación. Esa era ella.

Recuerdo que cuando era pequeña mis hermanos y yo teníamos diferentes tipos de castigo; Los míos eran más extremos que los demás. Solíamos vivir en esta casa en Malton, en un complejo de viviendas asequibles. Recuerdo la estructura de la vivienda. Había una cocina, un baño, un dormitorio, un ático y también había algo llamado "Cuarto Frío". La Cámara Fría estaría compuesta por algo así como una caldera y una lavadora. En verano, no es realmente una habitación fría porque hace calor. Sin embargo, la razón por la que lo llamo Cuarto Frío es porque en invierno es donde mi mamá me encerraba para castigarme.

La puerta de la habitación era de madera, y aunque se podían ver sombras de personas que pasaban por la puerta no había otra forma de ver desde dentro. En ese momento éramos yo, mi mamá, mi hermano y mi hermana viviendo juntos en esa casa y no importaba lo que hiciera.

Ella me encerraría allí para castigarme. Podría ser cualquier cosa y por cualquier motivo. Ni siquiera tenía por qué estar relacionado conmigo. Por ejemplo, podría haber tenido una mala relación. Mi hermano era un bebé en ese momento, no un recién nacido, y ella realmente no sabía mucho. Ahora entiendo que ella realmente no sabía mucho sobre la paternidad, porque ahora soy una mujer adulta y madre.

Ella me encerraría y me dejaría allí. Lo único que llevaría puesto sería un puerto deportivo y mi ropa interior en la cámara fría. Si no hubiera sido por mi hermanastra, que vivía con nosotros en ese momento, nunca habría salido del armario. Ella venía a la puerta y me enseñaba cómo abrir la puerta desde mi lado. Ella peleaba con mi madre y le decía lo malvada que era porque corría el riesgo de que su propio hijo sufriera hipotermia.

Un amigo me contactó el otro día sobre ese incidente. En mi cabeza, estaba como "¿Te acuerdas de eso?" Básicamente me estaba diciendo que solía pensar que mi mamá estaba realmente loca por la forma en que me trataba. Continuó hablando y me dijo: "Pensamos que tenía una enfermedad mental, y por eso hacía esas cosas. No sabíamos que en realidad era una persona cuerda que simplemente no pensaba con sentido común. Voy a ser sincera con ustedes, crecimos en el vecindario y pensamos, ustedes son un caso mental porque". En realidad, no salía, así que pensó: "¿Qué padre mantendría a su hijo encerrado adentro casi todo el tiempo?"

Esta persona en particular fue para mí un archienemigo de la infancia. Ella veía a mis otros hermanos y a mi hermana afuera, pero nunca solía verme a mí. Cada vez que me veía, era una de las personas con las que realmente peleaba. Arremetería contra ella, o si alguna vez me dijera algo, le diría "olvídalo". Ella nunca entendió realmente por lo que estábamos pasando con mi madre, pero ahora que todos somos adultos y ambos tenemos hijos, lo entendemos mejor. Básicamente dijo: "Es como si tu mamá simplemente no supiera cómo amar, como si su manera de mostrar amor no fuera la forma en que una mamá debería demostrar amor". Además, me dijo que se burlaban de mí y se burlaban de mí.

Cuando era niño, mirando a través de mis propios ojos, nunca vi la profundidad de los caminos de mi madre y el impacto vertiginoso que tuvo en todas nuestras vidas, hasta que alguien más que observó lo que estaba sucediendo habló sobre lo que vio. Mi amigo incluso habló del "baño de hielo". Ella confirmó muchas cosas y pensé: "Vaya, no estoy loca". Claramente, no estaba inventando nada. Solía pensar que decir esas cosas yo mismo era una cosa, y que cuando se las decía a la gente estaba loco. Ella dice: "No, niña. Tu mamá estaba, está loca, otro nivel de locura".

Sabes que cuando eres niño, los adultos pueden maltratarte y abusar de ti, provocando confusión y haciéndote pensar mal de ti mismo. Pueden hacerte pensar que hiciste algo mal, pero cuando hay testigos, incluso a medida que envejecemos, alguien que esté de acuerdo y confirme que todo ese trauma y abuso realmente te sucedió a ti, agrega valor a la historia de tu vida. Realmente no te das cuenta de todo lo que has superado hasta que alguien te lo recita.

Había momentos en que mi madre cocinaba y yo no conseguía nada de comida. Cuando estaba listo para comer, ella decía que no había suficiente, por lo que no obtenía nada. Mi hermanastra, a quien realmente llamo mi hermana (porque eso es realmente lo que ella es para mí) y el padre de mi hermano en ese momento, siempre discutía con ella por todas las cosas horribles que solía hacerme. Yo era solo un niño; Lo único que hacía era marcar en las paredes o derramar un poco de pintura o agua, cosas habituales que hacen los niños. Realmente no importaba lo que hiciera, mi mamá realmente no tenía todo ese manual de calidad. Sí, como todo el manual. Cuando se trataba de lo que realmente se necesitaba para criar a un niño, ella simplemente hacía lo que quería y lo que pensaba; como siempre decía, lo que nos beneficiara. Hasta el día de hoy, no sé realmente el beneficio de un baño de hielo como castigo por responder.

Incluso hubo un momento en que mi mamá me enviaba a la tienda con una lista y yo calculaba mal el cambio correcto que debería haber recibido. Por ejemplo, si compré algo por $40 y tenía $50, es posible que no me haya dado cuenta de inmediato si me dieron $5 de cambio en lugar de $10. Simplemente no lo sabía en ese momento, y es muy posible que se debiera a mi discapacidad de aprendizaje o a que no estaba prestando atención. A ella simplemente le gustaba ponerme a prueba, pero de una manera en la que sabía que fallaría. Entonces ella me enviaba a la tienda con la lista y me decía: "Oye, compra esto o compra aquello" sin especificar una marca ni dar instrucciones claras. Una vez me mandó a buscar una especie de conservas y no especificó de qué tipo. A ella no le gustó el que compré y me golpeó en la cabeza con la lata. Mi hermanastra intervino y peleó con ella. Amenazó con llamar a la policía a mi mamá y le dijo que me alejaría de ella porque no merecía tenerme.

Una vez, mi abuela me compró un nuevo juego de peluquería para jugar, pero en lugar de usar las tijeras del juego, usaba las reales que tenía en casa. Mi hermana y yo teníamos el pelo largo y un día llamé a mi hermana al piso de arriba de la habitación para cortarle el pelo. Creo que corté alrededor de una pulgada o dos del cabello de mi hermana, pero a cambio mi mamá me cortó la mayor parte del cabello. Me cepilló el pelo en una cola de caballo y luego me cortó toda la cola de caballo. Fue realmente devastador. Me quedé horrorizado. Lloré e incluso iba a la escuela con gorro, bufanda o lo que pudiera encontrar para taparme. Tenemos una hermana mayor que solía peinarnos y sabía que eso estaba mal. Ella era mi red de seguridad. Cuando pasaban cosas y quería sentirme segura, dormía en su habitación.

Sus azotes afectaron mis estudios. Tuve exámenes que no pude completar debido a lo que pasó la noche anterior. Una vez me golpeó tan fuerte que sentí gemidos en la piel. Tenía ronchas, lamentos y marcas de cinturón que me impidieron completar mi examen de natación. En la secundaria tuvimos que cambiarnos para la clase de natación, pero no pude hacerlo porque no podía quitarme la ropa. Había una clara marca de cinturón en cada parte de mi cuerpo. Había una marca de cinturón alrededor de mi mano. Estaba muy encubierto porque no quería que lo supieran. En lugar de eso, le mentí a la maestra y le dije que estaba en mi ciclo menstrual. Dije que no quería nadar, cuando en realidad eran los moretones y los gemidos en mi piel lo que no quería que nadie viera.

Mi padrastro y mi hermana estaban presentes cuando ocurrieron los incidentes de abuso, porque vivían con nosotros, y básicamente le dijeron a mi mamá: "No, esto está mal, no puedes hacer fiestas como esta mientras tu hija está arriba durmiendo y los hombres suben al baño". Se pelearon por eso y mi hermano, mi hermana y mi padrastro la insultaron. Lo único que seguía diciendo era "Bueno, si no les gusta, llamen a la policía". Esa era su frase favorita. "No te gusta. Llama a la policía. Llama a la policía. ¡Enciérrame, enciérrame!"

Creo que ella lo sabía y estoy bastante seguro de que habría sabido que todo lo que me hizo estuvo mal. Pero ella hizo lo que quiso, cuando quiso. Definitivamente no era uno de esos padres que reconocerían que estaba haciendo algo mal y dirían: "Está bien, voy a parar". No tenía escalofríos. Siempre haciendo lo que ella quería y eso fue todo.

Hubo abuso en ambos sentidos. A mi mamá no le importaban en absoluto las relaciones. Ella no tenía ninguna lealtad hacia nadie; ella no me fue leal como madre, y cuando creció no fue leal a ningún hombre. Llámalo como quieras, infidelidad o trampa. Lo vi todo mientras crecía.

Si alguna vez me veía bien cuando era niño, fue porque la gente que me rodeaba me hacía *seguro* No me parecía por lo que estaba pasando. Mi hermanastra me peinaba y me compraba ropa. Cuando no cenaba, ella me preparaba y me llevaba con ella a comprar comida. Cuando era niño, veía eso como "Dios mío, me estás trayendo comida". No sabía que el hecho de que mi madre se negara a alimentarme era una forma de abuso. Mi abuela siempre tuvo la regla de la casa de que no debíamos caminar ni hablar de las cosas que sucedían dentro de la casa. Entonces mi hermanastra me recordó cómo mi madre gastaría el dinero que el gobierno enviaría para mí y mis hermanos, durante el verano o durante las vacaciones de Navidad. Ella gastaría en ellos, pero me ayudaría y pondría poco o ningún esfuerzo en todo lo que hiciera por mí. Como ahora sé, no le agradaba por mi padre, por lo que solía abusar de mí infligiéndome un trauma. Además, cualquier relación que ella tuviera con mi abuela me la heredaría a mí.

Recuerdo un incidente en el que todos mis hermanos recibieron equipo de nieve nuevo para el invierno. Necesitaba una chaqueta y todos los días iba a la escuela con una chaqueta que tenía un agujero, porque mi mamá todavía me dejaba usarla. "Oh, lo usarás hasta que se acabe y no recibirás uno nuevo, bla, bla, bla". Llegué al punto en el que me enfermé muchísimo. Mi hermanastra tomó todo el dinero que tenía y realmente no tenía mucho dinero en ese momento, pero me compró un guardarropa de invierno completo. A mi mamá no le importaba. A ella no le importaba si usaba calcetines con botas para la nieve o si tenía que usar un sombrero. Estas son cosas que otras personas se asegurarían de que estuvieran vigentes.

Mi mamá hizo mucho, más que lo físico, mental y emocional; también conspiró para poner a mis hermanos en mi contra. Ella era tan buena haciendo eso; ella siempre tergiversaba los hechos y tergiversaba la narrativa, contándole a mi hermana todo tipo de cosas. En medio de todos estos desafortunados acontecimientos, encontré la fuerza para empezar a luchar. A medida que crecí, comencé a contraatacar.

Un día tuvimos una discusión. La agarré y ella me agarró por el cuello. Ella siguió apretando mi cuello, y en ese momento, podría haber jurado que tomé mi último aliento. No me quedaba nada y solo estaba tratando de salvar mi propia vida. Éramos ella o yo. Yo era una niña y ella era una mujer adulta que ya había vivido su vida, por lo que no debería haber intentado acortar la mía. Su mano estaba en mi cuello y seguía empujando y empujando. En ese momento, pude sentir que una parte de mi garganta se aplastaba; mi tráquea estaba aplastada. Entonces traté de agarrar su mano para soltarla de mi cuello. Eso no funcionó porque ella tenía un agarre firme. Entonces pensé, está bien, ¿qué más puedo hacer? Entonces se me ocurrió.

Tomé una de mis manos y la puse a mi lado. Luego separé mis pies, la rodeé con mis pies y la hice tropezar. O se cayó hacia las escaleras, se cayó por las escaleras o se cayó al suelo, realmente no me importaba. Llamó a todo el mundo en Jamaica acusándome de intentar matarla. Siempre sería el agresor cada vez que ella contara la historia. En sus palabras, "¡Te traeré para que vengas aquí, así puedo sacarte!" Intentó hacer esto varias veces, y cuando yo me defendía, ella corría y decía: "Dis pickney me puso la mano encima. Está maldita". Ella es esto, ella es aquello". En mi casa, en Jamaica, nadie quiere oír que le pusiste la mano encima a tu madre. Ni una sola vez le dijo a nadie la verdad. En una explicación a mi abuela, le dije que no podía permitir que siguiera apretándome la garganta.

CAPÍTULO 7
DURACIÓN DE LA ATENCIÓN

Puedo ver vívidamente todo lo que me ha sucedido incluso mientras comparto mi historia. Entonces, si me pidieras que lo ilustrara, podría dibujar cada pequeño detalle exactamente como sucedió.

El castigo que recibí fue definitivamente diferente, muy diferente. Ella nos golpeó, pero si alguna vez les hiciera algo a mis hermanos, sería un simple castigo. Mi tratamiento fue mucho más extremo. Había algunas cosas raras que ella me hacía y podía ser por la cosa más pequeña. Ella hizo lo que en Jamaica llamamos "Lay Wait" para mí. A veces es como si me castigara en masa, porque se me acumularon y me impusieron sanciones, por cosas como no lavar los platos. Ella permitiría que las cosas se acumularan y un día todo saldría a la luz.

Ella castigó a mi hermana, pero nunca llegó al extremo

de que mi hermana se sintiera capturada o enjaulada. Mi hermana era libre de hacer lo que quisiera. Ella vivió la vida más que yo. Entonces le pregunté a mi mamá: "Ambas somos niñas, ¿por qué eres tan dura conmigo y no con ella?". "Oh, no confío en tu color. No confío en los de tu especie. Eres muy astuto, eres intrigante". Ella me llamaría "Este simpático Red Pickney". Todo tenía que ver con mi complexión. Fue demasiado extraño. No importaba lo que fuera. A ella no le importaba. Cada vez que alguien se acercaba a ella y le decía: "Tu hija es tan hermosa", se enojaba.

Una vez ella me dijo: "Oh, ¿crees que tu piel colah a guh te trae algo? Solo un hombre blanco te quiere". Nunca olvidé el día. ¡Un hombre blanco parecido, y unnuh un guh tek drogas y él una guh raza yuh y dejó!

Cuando comencé a salir, mis novios venían a la casa y ella los interrogaba. "*¿Estás seguro de que quieres una cita con esta chica parecida?*" ¿Sabes que ella era desagradable y no tenía amor? Weh yuh waan deh wid deh wid har fah, ¿ves cuánto tiempo te lleva ponerte la ropa? Mira cuánto tiempo le llevó hacer esto". Toda esa basura en un esfuerzo por sabotear mis amistades y relaciones. Ella era tan intrigante. Ella decía que tendría que traer a mis hermanos a esas cosas locas como esas si no completaba lo que ella quería que hiciera, entonces sería al diablo con lo que quisiera hacer.

Ella nunca se detuvo y no le importó. Ella le decía a la gente que yo era estéril, que había visto los resultados de mis pruebas de mi médico y que no podía tener hijos. Ella me avergonzaría delante de mis amigos en mi casa. A ella simplemente no le importaba. Entonces, cuando conocí a mi prometido, al principio nunca lo traje. Al final, cuando tenía la oportunidad, le contaba cosas sobre mí para intentar que me dejara. Ella decía: "Tiene una discapacidad de aprendizaje. ¿Estás segura de que quieres encargarte de eso?" Su objetivo es hacer que la gente que me rodea me odie, incluido mi prometido. Simplemente ya no sé qué es capaz de hacer.

Para ser honesto, si mi mamá y yo nos reconciliaramos antes de escribir este libro, no tendría planes de escribirlo. Lo hubiera conservado todo. Habría muerto con todas estas cosas en mi corazón. Y le di esa opción. Le dije. Le dije: "Podemos olvidarnos de todas las cosas por las que me hiciste pasar, lo que me hiciste a lo largo de los años.

Lo olvidaré. Todo lo que quiero que hagas es tener una relación conmigo. Sólo quiero que me ames". Ella me dijo directamente: "No". Haría todo lo que esté en mi poder para asegurarme de escuchar la voz de mi hija por la noche y de estar seguro de que todavía estoy en la gracia de Dios con ella. A mi mamá le importaba una mierda.

Me dijo que una vez fue a ver a un médico. No era un médico real ni alguien que supiera ciencia. Esta es mi verdad y no tengo nada que decirle después de esto. Cualquier cosa que mi mamá tuviera que hacer para poder lastimarme, ella lo haría. Podría haber sido a través de mis hermanos o podría haber sido a través de cualquier cosa que yo tuviera. Cada vez que discutíamos, ella decía: "Tienes suerte, seh yuh deh yah enuh, yo shudda dash yuh weh. ¡Me quedé en la clínica y pensé en matarte y seguir adelante con mi vida!". Dijo que una señora se le acercó y le dijo: "Este no es el camino que quieres seguir con tu hijo". Al parecer esa señora tuvo muchos abortos. Su consejo a mi madre fue: "Lleva a tu hijo y siéntete orgullosa de llevar a tu hijo". En el pasado, solía pensar que ella debería haberme abortado simplemente porque no vale la pena lo que me hizo pasar.

Antes de que mi abuela falleciera, mi mamá me envió un mensaje de voz que todavía conservo hasta el día de hoy. Básicamente me dijo que mi abuela estaba muerta. Entonces dejé de trabajar, me fui temprano y ni siquiera le dije a mi lugar de trabajo que me iba. Salí del sitio en estado de shock. Me apresuré a casa y le dije a mi familia que tenía que ir con mi abuela.

Ésta era la situación; Escuché que acababa de morir. Luego me respondió el mensaje de texto después de que le dije que iba camino a ver a mi abuela. Ella dijo: "Oh, es broma, ella está aquí". Yo estaba como: "¿Qué te pasa?". La única razón por la que hizo eso fue porque quería que yo fuera a su casa y hablara. Descubrí que mi abuela todavía vivía y respiraba bien en casa. Pensé: "¿Qué te pasa? ¿Qué es realmente... qué te pasa?" Ella dijo: "Oh, entonces eso fue lo que hizo falta para que huyeras. ¿Eso fue todo? ¿Eso fue lo que hizo falta para que vinieras a verme o estuvieras al lado de tu abuela? ¿Tuve que mentirte y decirte que estaba muerta?". Yo digo: "¿Por qué se te ocurre decir algo así?".

Finalmente resolví que todavía quería ser amado por ella a pesar de todo lo que me había hecho. Todos me miraban y pensaban: "¿Estás enfermo? ¿Cuándo será suficiente, suficiente?". Mi excusa fue: "Bueno, ella es mi madre. Se supone que todavía debo cuidarla, todavía se supone que debo amarla". Le pregunto a Dios todos los días: "¿Por qué, por qué soy así?". La gente me lastimó y, por lo general, la mayoría de la gente decía: "Está bien, eso es todo" y se marchaba. Pero yo no soy así. Yo no soy esa persona. Sabiendo todo lo que ha hecho, nunca dejé que eso me afectara. Todavía me presenté a su fiesta de aniversario. Solía verlo así; Somos una familia y sí, podemos ser disfuncionales, pero estamos superándolo. Siempre la miré como a mi mamá y todavía la amaba. En algún momento todavía hubiera querido que ella estuviera cerca y fuera parte de mi vida. Simplemente no funcionó de esa manera y llegué al punto en que terminé de preguntar. Lo dejé ahí mismo.

Le dije todo esto y le dije que todo lo que siempre quise fue ser amada. Todos los padres imponen algún tipo de castigo cuando sus hijos hacen algo mal. Claro que puedes castigarlos, pero aún así debes amarlos. Lo que me pasa con mi mamá es esto: todos esos años ella no me habló, se iba a dormir todas las noches sin saber si me pasaba algo. Sin saber si estaba vivo o muerto. Pensé para mis adentros, me odiabas tanto que si alguien venía y decía "Christine es esto o aquello" no te importaba. En mi opinión, eso no es amor. Entiendo que dos personas pueden discutir y los ánimos se enfurecen, los sentimientos se lastiman, pero yo soy su hija.

Hubo un momento en que me había metido en una discusión y tendría que buscar refugio en casa del pastor. No podía dormir en la casa del pastor porque él tenía miedo de que mi mamá reaccionara y corriera el riesgo de que perdiera su licencia, lo cual sucedería. Ella es muy capaz de hacer cosas así.

Ella no quería que la gente se acercara y me ayudara. Incluso cuando me mudé de su casa, ella conservó mi identificación. Tuve que llamar a la policía y decirles que necesitaba mi identificación. La llamaron y le dijeron: "No es tuyo, tienes que renunciar a él, sea lo que sea por lo que estén pasando. Tienes que devolvérselo". Y recuerdo que fui allí con la policía para conseguir mi identificación. porque no confiaba en ella. Ella ha estado sacando cosas a mi nombre con mi crédito.

Ni siquiera sé quién es ella realmente ni con quién se la puede comparar. Es difícil decirlo porque no tiene las calificaciones para ser madre. Ese título debería habérsele quitado hace años. Ahora se supone que debe asumir el papel de abuela. Le dije: *"Cuando se trata de ti y de mí, no quiero nada de ti. No hay nada que puedas hacer o decirme por mí. Todo lo que necesitas hacer es desempeñar tu papel como abuela. Sobresalir en ese departamento. Todo lo que pasé está perdido y perdonado."* Y ella ni siquiera quiso aprovechar esa oportunidad. Le di la opción. Le dije *"Podemos fingir que esto nunca sucedió"*. Estaba dispuesta a hacer eso. *"Todo lo que necesitas hacer es ser abuela y dejar de hacer las pequeñas cosas que haces, como intentar atacarme, mi espíritu y todo lo que soy. Simplemente detente"*. Ella me lo dijo directamente, dijo: "No. No sabes por lo que pasé contigo".

Quiero decirles a mis padres: pasé por muchas cosas: entre sobrevivir al suicidio y no saber a dónde pertenecía realmente o cuál era mi propósito. Simplemente tuve que verlo como algo que sucedió. Todo esto pasó, está en el pasado y básicamente tuve que entrenarme para sentir y pensar de forma independiente. Desarrollé un nivel más alto de conciencia y reconocí que sí, estas dos personas son mis padres, pero ese es su carácter y no van a cambiar. Así que o me quedo ahí sentado y sigo llamando a la puerta mientras nadie responde, o voy a tocar y esperar una respuesta, y si nadie responde, seguiré adelante. Tuve que seguir adelante con mi vida.

Todavía estaba creciendo y, afortunadamente, mis experiencias de vida no me impidieron madurar y convertirme en adulta. Todavía tenía que vivir mi vida y pasar por las luchas típicas. Tuve que llegar a una resolución; mi mamá no está, mi papá no está. Pero tengo algo por lo que siempre estaré agradecido y son las otras personas que llenaron ese vacío en mi camino.

En el camino he tenido grandes amistades. Soy amigo de uno de mis amigos desde hace más de doce años. Nos acercamos cerca del final de la escuela secundaria. Somos cercanas desde hace mucho tiempo y ella me ha ayudado a crecer como persona, especialmente en lo que respecta a ser madre. Siendo tímida como madre primeriza, me ayudó a creer en la tarea que tenía por delante. Quería encarnar lo que ella hizo, mientras la veía criar a su hija. Tanto ella como mi tía son grandes ejemplos de maternidad. Ellos personifican lo que significa ser una gran madre y lo que significa amar realmente a sus hijos.

Mi otro amigo es mayor que yo; ella es como madre y hermana, todo al mismo tiempo, y me mantiene con los pies en la tierra. Ella es de gran ayuda cuando se trata de mi hija, mi relación y conmigo como persona. Ella siempre está ahí cuando la necesito.

Sinceramente, puede que no tenga muchos amigos, pero tengo un grupo muy unido de unos siete amigos que me mantienen con los pies en la tierra. Si no fuera por ellos, no sé dónde estaría. Hay momentos en los que las cosas se ponen difíciles, pero estos amigos conocen todos mis movimientos, mis altibajos. Hemos tenido nuestras diferencias, pero aprecio el hecho de que al final del día sean tan reales. Incluso cuando el camino se pone lleno de baches y hay obstáculos, siempre me han dicho que nunca me rinda. "Continúa con lo que estás haciendo". Siempre que se trata de mi hija, mi relación o incluso conmigo mismo a veces, y tengo ganas de rendirme, simplemente los llamo. Siempre están ahí. Me ayudan a salir de lo que me mantiene atado. Dicen: "Te ayudaremos a sentirte mejor contigo mismo nuevamente, te ayudaremos a sentirte uno con lo que sea que hayas pasado". Gracias a su apoyo, mis obstáculos ya no me afectan. Puede que todavía estén ahí pero ya no pueden hacerme daño.

CAPÍTULO 8
LOS HOMBRES ANTE TUS HIJOS

Cuando escucho "iglesia" mi corazón comienza a latir tan rápido y siento como si algo simplemente se hiciera cargo. Siento como si estuviera nuevamente en un agujero oscuro, similar a lo que pasé cuando falleció mi abuela. Todavía no lo he superado. Todavía desearía que ella estuviera aquí. Esa es la razón principal por la que ni siquiera he bendecido a mi hija en la iglesia todavía, porque es muy difícil poner un pie allí. Ojalá hubiera podido ver este libro; ella es la razón por la que lo escribí.

Mi abuela me llevó a la iglesia y me ofrecí como voluntaria en diversas funciones. Tenía cierta experiencia a la hora de recitar un versículo de la Biblia u organizar cuestionarios y juegos. Era para el brazo juvenil de la iglesia, así que asumí diferentes cosas, como la evangelización.

Me bauticé gracias a mi abuela. Hice mucho con ella antes de que falleciera y compartí muchos recuerdos con ella, como ir a la iglesia. Estoy muy agradecido por ellos, pero los extraño. Todas estas fueron cosas que me moldearon. Mi abuela siempre me recordaba que no importa los problemas y pruebas que pasara, siempre debería tener a Dios. Ella siempre me enseñó a nunca darle la espalda. No importa por lo que estés pasando, ni quién esté a tu alrededor; no te rindes ante Dios. Cuando ella falleció me sentí así. Sentí que ¿cuál era el punto? Ella misma era cristiana y no entendía por qué. ¿Para qué fue llamada o dónde me deja? Así que yo culpé mucho. Le pregunté "¿Por qué yo, por qué no?" Todavía me duele porque ella no está aquí. Pero poco a poco estoy aprendiendo a aceptarlo.

Mi abuela tuvo tres hijos; mi mamá y sus dos hermanos. Tiene muchos nietos y bisnietos. Ella también tenía hermana y hermanos, que serían mis tíos y tías abuelos. Nunca he hablado con ninguno de ellos desde el funeral. Creo que cuando se trata de una muerte en la familia, se supone que las diferentes generaciones dentro de la familia deben dar un paso al frente y mantener a la familia unida. Nunca me ha llamado una tía o un tío y me ha dicho: "¿Oye, cómo estás? ¿Cómo está tu hija?". Como matriarca de mi familia, estas son cosas que mi abuela haría. Ahora todo son mentiras y no tengo tiempo para mentir con la familia.

Por parte de mi padre nunca conocí a mi abuela aunque sí hablé con ella por teléfono. Ella vive en Granada pero ha visto fotos mías. No la conozco en absoluto. Lo que sí sé es que los parientes de ese lado de la familia comentaban y decían lo mucho que me parecía a ella cada vez que estaba en reuniones familiares. Dirían cuánto les recuerdo a ella por los rasgos que tengo de ella. "A las tormentas de tu abuela caminas" es lo que dirían. Quiero conocer mis raíces familiares, así que le dije a mi hermana que algún día deberíamos ir allí de visita.

Conocí a mi abuelo muy brevemente. Estaba en el centro comercial que solía visitar regularmente y en el patio de comidas siempre veía a este anciano. Un día me lo presentaron. Durante todo el tiempo que estuve allí, cuando era un niño en mi adolescencia, nunca supe que ese hombre era mi abuelo. Realmente nunca he hablado con él, pero lo he visto.

Hay dos abuelas por parte de mi mamá; la madre de mi mamá y la madre del papá de mi hermana.

Mi relación con mis hermanos es intermitente, pero la relación con mi hermana, que es hija de mi mamá, es muy buena. Siento que la única razón por la que se volvió más fuerte es porque ella se convirtió en madre. Si ella no fuera madre, pelearíamos como perro y gato. Ella no estaba de acuerdo con nada de lo que yo estaba haciendo, especialmente cuando se trataba de mi hija. Ahora que es madre, podemos compartir ciertas ideas, gustos y aversiones sobre nuestros hijos y otras cosas. Se podría decir que estamos en el camino hacia la recuperación porque hemos pasado por muchas cosas.

En un mundo perfecto, me gustaría que ella supiera qué pasó realmente con nuestra mamá. Mi mamá siempre me eligió; Incluso cuando éramos pequeños, mi mamá ya la había deformado. Hasta el día de hoy, todavía está tratando de que mi mamá y yo nos reconciliemos. Ella sigue usando el hecho de que tengo una hija y que soy mamá para preguntarme qué es lo correcto en esta situación. Simplemente no va a funcionar. Así que no quiero ni empezar a hablar de las cosas que nuestra madre nos ha hecho, porque al final del día siempre la elegirá. No haría ninguna diferencia.

Déjala pensar lo que quiera. No quiero que ella lo escuche de mí. En ocasiones, ella hablaba sobre algunas cosas que mi mamá había hecho, pero al mismo tiempo todavía quiere ese retrato familiar completo, aunque le dije que lo dejara pasar.

Ya es tarde para disculparse. Es muy tarde porque si intenta disculparse ahora después de la publicación de este libro, no cambiará lo que siento por ella. Habría tenido un impacto si tuviera dieciséis años y cuando fuera joven, estuviera destrozado y tuviera tiempo de arreglar las cosas. Podríamos haberlo intentado entonces. Ahora tengo veintinueve años. Se acabó, no hay nada más que pueda hacer. Lo intenté todo: asesorarla, hablar con ella directamente y la invité a cenar. Incluso hemos hecho cenas familiares; siempre termina en una gran guerra.

Termino saliendo furioso de la casa porque quiero hacerle algo. No va a funcionar y les deseo a todos mis hermanos la mejor de las suertes en lo que respecta a mi mamá. Esa mujer tiene una manera de torcer a la gente para que hagan cosas por ella. Ella todavía juega con la gente incluso a su edad madura de... 48, 49, 50 años... ya ni siquiera lo sé. He bloqueado eso fuera de mi mente.

Justo antes de interrumpirla, ella me llamó y me preguntó: "¿Cómo hablas conmigo, yo soy un guh tek yuh nombre de mi guarida de seguros?" Yo digo: "¿Qué tipo de pregunta es esa para que levante el teléfono y me haga?" Ella sólo quería mi reacción o quería atención. Incluso cuando ella fallezca, nada cambiará.

Llamé a mi hermana porque pensé que era demasiado. "¿Por qué diría eso?" preguntó ella. Colgué el teléfono y mi mamá continuó enviándome mensajes de texto preguntándome lo mismo. Entonces simplemente la bloqueé. Pero antes de hacerlo, simplemente le dije que hiciera lo que quisiera. Si vas a eliminar mi nombre, hazlo. Siempre es algo. En el pasado, ella siempre supo cómo hacer que volviera corriendo a sus brazos. Ella realmente pensó que yo diría: "No, no, no, déjalo ahí".

Una cosa que me negué a replicar fue la historia de mi madre de siempre anteponer a los hombres a mí. Ella siempre antepuso a los hombres a sus hijos. Ella siempre tuvo una preferencia desagradable. Hubo un exnovio en particular que me echó de casa porque ella se lo permitió. Todo esto se debía a que no quería lavar la ropa bajo la lluvia torrencial. Él le dijo que no tenía modales y que debería echarme para darme una lección. Y ella lo dejó. Así que estaba afuera, bajo la lluvia fría y húmeda, sin chaqueta; llorando, gritando y pateando la puerta para que me dejaran volver a entrar. Les dije que haría cualquier cosa. Apagaron las luces y se fueron a dormir. Así que tomé el autobús hasta la casa de mi exnovio y me quedé allí dos noches.

En mi mente pensé: no podrías ser una madre tan horrible. Siempre fue una cosa tras otra. Para mí nunca hubo equilibrio, ni interrupción en la transmisión. No fue como si ella hiciera esto un domingo y luego un día me llevó al parque. No, siempre fue algo.

Uno de sus compañeros me golpeó con una correa de perro, una correa de perro de verdad. Mi piel se lamentó. Mi madre le dijo cuando llegó a casa que yo estaba hablando mal y él sugirió que tuviera un tipo diferente de castigo. Lo que pasó fue que me pidió que lavara los platos y le respondí: "¡No, tú los lavas!". Me persiguió hasta el sótano, e incluso cuando grité: "¡Para, para, no, duele!". continuó. Él dijo: "¡Tu mamá es la jefa, deberías escucharla!". ¿Cómo tiene sentido esto? Incluso si no es mi propio hijo, nunca le daría a otro hombre la oportunidad de poner sus manos sobre ese niño. No me importa lo que sea. Como hombre vienes a mí y me cuentas. Entonces castigaré al niño si es necesario.

Mi mamá no era así. Ella le dio a cada hombre en su vida esa autonomía. "Son tu padrastro". Al padrastro se le permitió golpearnos. Al padrastro se le permitió decirnos cualquier cosa. Una vez fui de visita y su exmarido, a quien nunca olvidaré, estaba discutiendo conmigo. Procedió a arrojarme té caliente. Tuve que llamar a mi novio a la casa para que me sacara de allí. Temblé y toda la casa tembló; Vi rojo. Le dije directamente: "Si ese té toca mi piel, no tendrás tiempo de llamar al 911. Si tiras ese té, cuando termine contigo, estarás en una bolsa para cadáveres.

Por supuesto, ella se puso del lado del hombre y me dijo que no hablara con ella porque era grosero y hablaba mal de su ahora exmarido. Incluso si lo hiciera, ¿qué tiene eso que ver con que quiera quemarme con té caliente?

¿Qué sentido tendría defender a un hombre por encima de tu propio hijo, que finalmente te deja y ahora es tu ex? Habría tenido que estar en el camino hacia la recuperación mientras mi piel sanaba y él todavía estaría desaparecido, fuera de escena.

Su marido ahora es el peor. Intenté mantenerme alejada de ella y de él. La mierda que él me dice a mí, a ella sobre nosotros; él aprueba la forma en que ella nos trata. Él le dice: "Tus hijos no pueden venir a la casa. Esta es mi casa ahora. Déjalos venir aquí y verás". Ella sigue cada orden que él le da.

Intentó pelear con mi hermana hace un par de semanas. Le dije a mi hermana: "O me lo dices por dos razones: quieres que haga algo al respecto o simplemente quieres desahogarte". Mi hermana sabe que si bajo y pongo un pie en esa casa, la casa se derrumbará. Me desmoronaré: mi madre, su marido y todo lo que esté allí.

Mi mamá sabe exactamente lo que está haciendo. Discutir con mi hermana, que obviamente me va a llamar, conducirá a una cosa: llegar a la casa. Eso era lo que ella quería. Ella es intrigante pero es muy inteligente. Ella sabe cada movimiento que haré y los que no. Sin embargo, ahora que la excluí, ya no puede programar mi próximo movimiento; no hay conexión. Incluso si ella escucha algo, no es mío.

Durante años, dejé que ella me controlara incluso en lo que se refería a mi relación, porque, para ser honesto, deseaba desesperadamente que ella me amara. Fue repugnante. En aquel entonces, no me importaba lo que ella hiciera. Si ella me dijera "voy a hacer comida. ¿Quieres algo? ¿Tienes hambre?" La miro como, "Sí mamá, voy a ir a tu casa" como si nada hubiera pasado. Bloquearía todo lo que ella hacía, cada palabra que decía, sólo para estar a su lado. En aquel entonces, no ahora. Ese capítulo de mi vida ha terminado.

Cuando comencé mi asesoramiento, incluso la consideré. La llamé y le dije: "Oye, sabes, llegará un punto en mi terapia en el que querrán que mi mamá intervenga y haga una sesión conmigo..." Ella me dijo directamente: "Arréglate a ti mismo antes de que me arregles a mí". En mi cabeza pienso: "¡¿Qué?!" Le dije a mi consejero que simplemente no iba a funcionar. Tendríamos que olvidarnos de la posibilidad de tenerla en una sesión porque no iba a hacerlo.

Mis hermanos y mi hermana pueden pasar por la casa, pero siempre hay una discusión. Entonces mi hermana va allí, pero sabe muy bien que su visita resultará en una de dos cosas: se irá totalmente cabreada o simplemente no volverá a poner un pie allí. Mi hermana va allí pero mi hermano vive allí. El mismo hermano que vive allí es el mismo hermano al que saqué de la cárcel.

He hecho mucho a pesar de que son las figuras paternas. Mi hermano vive con mi mamá, sin embargo, soy responsable de su libertad. Puse el dinero para su fianza. Mi mamá me dijo por teléfono directamente: "No voy a hacer esto; no tengo... no, no voy a poner mi dinero en tu hermano". En mi cabeza pienso: "Se supone que no debes verlo así. Él es tu hijo".

Ha sido acusado como adulto y no estamos hablando de cargos menores, estamos hablando de cargos graves. Podría haber estado fuera durante diez años o más. Entonces ¿qué íbamos a hacer? Ella dijo que no le importaba, así que llamé al abogado e hice un arreglo financiero. Iba a salvar a este niño. Hasta el día de hoy, soy la fianza de mi hermano pequeño. La única razón por la que está fuera es por mí, y vive en la casa de mi madre por mi culpa. Mi mamá intentó revocar ese acuerdo y eliminar mi nombre de la fianza.

Quiere tener control sobre su vida porque es a lo que está acostumbrada. Cuando ella era fiadora de él una o dos veces, llamaba a la policía por cosas estúpidas como no sacar la basura o no lavar los platos. Estaba acostumbrada a retirarle la fianza. Le dije a mi hermano: "Pagaré tu fianza, solo cumple con mis reglas y mis condiciones". No necesito nada de él. Yo decía: "Avísame cuando entres en libertad condicional". En este momento mi hermano acude a terapia a través de mis contactos y orientación.

Sigo ayudando aunque dije que no lo haría. Siempre es una situación de limosna con nuestra madre; ella siempre quiere algo. Su hijo está a salvo en casa y no está encerrado. Una persona normal reconocería que sigo aquí; Todavía me importa. Sin embargo lo que hago siempre pasa desapercibido. Su marido incluso le dijo que se divorciaría de ella si ella rescataba a mi hermano, y ella está dispuesta a obedecer porque está destrozada y dañada.

Intentamos que ella fuera a terapia pero nunca asistió. No se trata sólo de asesorarme. Ella dice que no le pasa nada. La última vez le dije al médico que ella dijo: "No me equivoco. Soy A'rite, como todos los demás que conoces". ["No hay nada malo en mí. Estoy bien. Soy tan normal como cualquier otra persona que conozcas".] *'Muy normal. muy, muy.'*

CAPÍTULO 9
DONDE TODO COMENZÓ

"¿Qué le pasa a su hijo?" Es una pregunta que llamaría y le haría a mi abuela por teléfono cuando estuviera viva. Intentaría razonar con mi mamá. Había una historia entre ella y mi abuela, y yo lo sabía. Mi abuela dejó a mi madre en Jamaica cuando era niña y mi bisabuela abusaba de ella. Lo escuché todo. Lo que tengo con mi mamá es que entiendo si el abuso infantil sesgó tu proceso de pensamiento, pero busca ayuda. Deberías haber buscado ayuda antes de tener un hijo. Después de que esto te pasó, podrías haber buscado ayuda y eso te habría convertido en una mejor madre. Comprenderás mejor quién eres como mujer y lo que estás a punto de experimentar: la maternidad.

Cuando descubres que estás a punto de ser madre, sientes una sensación específica en el estómago y cambias. Todo su enfoque cambia de usted mismo a su hijo. Ya no te preguntas cómo vas a comer, sino que piensas en lo que va a comer tu hijo. Realmente ya no se trata de ti, se trata de tu hijo. Ella no lo hizo.

Cuando era bebé, mi abuela me dijo que no me mostraba nada más que amor. Mi abuela vivía con nosotros en ese momento y ella es quien me dio mi nombre completo. Entonces mi mamá no me puso el nombre, sino mi abuela. Yo fui su primera nieta y, para ser sincera, si alguien no le hubiera dicho que mi madre fue al hospital para dar a luz a su primera nieta, no lo sabría.

Mi abuela y mi mamá tuvieron un desacuerdo y mi mamá se lo ocultó. Mi abuela dejó todo para estar a mi lado y al lado de mi mamá, incluso durante su pequeña discusión. Básicamente me dijo que lo hizo funcionar gracias a mí.

"Me quedé. Sabía cómo era tu madre. Sabía todo sobre ella, pero lo hice funcionar gracias a ti". Eso es lo que dijo mi abuela. "Eres mi primer nieto y yo quería estar allí. No quería estar a sólo una llamada de distancia, quería estar allí". Ella siempre me ayudó. Incluso puso una brecha entre mi hermana y yo porque ella cree que mi abuela me amaba más que a ella. Le expliqué que no tiene nada que ver con a quién amaba más. Cuando tienes tu primer hijo, es un tipo de vínculo diferente. Cuando éramos más jóvenes y discutíamos, le decía: "Bueno, tú tenías la madre que yo quería y yo tenía la abuela que tú querías.

Literalmente me escondería de la gente. La gente ni siquiera sabía que yo existía. Un día, cuando salía o me veías, oía: "Espera, ¿tienes otra hija?". "Ni siquiera lo sabía". La gente se me acerca y me dice: "Oh, ¿esa es tu madre?". "Sí." "¿Esa es tu hija?"

Ella hizo algunas cosas crueles como hacerme pasar hambre como castigo. Tuve que soportar la ley, que era su ley. Cada vez que le pasaban cosas malas, se desquitaba conmigo. Entonces digamos que un hombre la rechaza, ella se desquitaría conmigo. Ella decía: "Es gracias a ti que los hombres ya no me quieren". Cuando era niño, pensaba: "¿Qué tiene esto que ver conmigo?"

Ella siempre antepone a los hombres a sus hijos. La razón podría ser que era sumisa a los hombres y buscaba atención en todas partes y en todas sus formas. Por lo tanto, si se presentara en la forma de un hombre que le dijera que se distanciara de sus hijos, de un familiar o de un amigo, ella se conformaría. Su mentalidad es todavía infantil.

Incluso les ha contado a los chicos sobre mí. De hecho, estoy convencido de que probablemente intentó venderme contra los hombres una o dos veces. Tuve que preguntarme qué hombre vendría a ella a continuación. Cada hombre que ella trajo a su vida siempre me gustó. Algunos eran como figuras paternas y no estaban de acuerdo con las cosas que ella hacía. Pero luego tenía otros hombres que todavía eran jóvenes y no les importaba.

Estaba hablando con mi tía y le explicaba que no creo que nadie entienda realmente el odio que tengo hacia mi madre. Pero ahora que lees el libro, entenderás por qué soy como soy. Le estaba diciendo que no creo que el odio que tengo por mi madre desaparezca jamás. Y ella estuvo de acuerdo conmigo. Ella dice: "Lo sé. Le dije a tu mamá hace años que sus hijos crecerán sintiendo resentimiento o incluso odiándola si no se arregla". Y le dije que ya no podía arreglarlo ni repararlo.

Sólo quiero que ella se vaya, pero quiero que vea mi éxito y quiero que ella se estrelle y se queme por eso. Como quiero que ella sepa: no puedes tener nada porque has dañado lo que soy antes de que me convirtiera en lo que soy. Así que no siento que debas sentarte en el mismo taburete o en la misma silla que yo, o en la misma mesa cuando estoy ahí fuera. Ella no debería estar presente cuando hablo con estos niños pequeños o cuando mi libro aparece en un programa de televisión. Ella no debería tener ningún beneficio en absoluto.

Mi abuela decía: "El infierno no tiene furia como la de una mujer despreciada". "La forma en que te despreciaron, incluso si tu mamá escribiera lo siento en mil páginas y cartas, eso no te quitará el dolor. Tu dolor tiene que desaparecer porque tú quieres que desaparezca".

CAPITULO 10
ÁNGEL CUSTODIO

En la fiesta de cumpleaños de su marido, mi madre simplemente fingió que nada había pasado, aunque ambos conocíamos la verdadera historia. Me obligó a sacar a mi abuela de su casa, para que no tuviera que molestarse en cuidar a su propia madre en el evento de su marido. Mi madre reservó un vehículo de movilidad especializado para realizar el traslado. Mi prometido y yo tuvimos que sacarla del taxi, llevarla a nuestro edificio y subirla por el ascensor. La hicimos sentir lo más cómoda posible, aunque sabía que mi madre estaba mal. Mi abuela tenía una expresión visible de vergüenza y disgusto por las acciones de su hija.

Siempre que está rodeada de gente, lo hace parecer perfecto. "Oh, amo a mi hija, haré cualquier cosa por ella". Llega al punto en que puede hacer que la gente piense cualquier cosa. Nadie me conoce. Que todos sepamos, ella tiene cuatro hijos, pero nunca me han visto porque yo nunca estuve presente. Entonces, cuando la gente me conoce ahora, en algunos casos por primera vez, dicen: "Dios mío, ¿esta es tu hija? Es tan hermosa que se parece a ti". Creo que eso revolvería cosas en ella. Ella respondería y diría "¡Sí!" La gente simplemente no sabe que existo.

Alguien se acercó a mí el otro día y cuando me preguntó mi apellido, lo repitió y me preguntó si mi madre es "fulano de tal". Después de que estuve de acuerdo, dijeron: "Dios mío, tú eres la hija de la que habla y que le da muchos problemas". En mi cabeza, soy como, *¿Le doy problemas?* Así que básicamente tuve que decirle a la persona que no trato con ella y no sé qué te dijo, pero todo es mentira. En retrospectiva, es posible que en ocasiones me haya portado mal. Sería normal que cualquier niño se comportara mal, pero a mí no me trataron como a un niño cualquiera, ella me trató horriblemente.

Luego le dice a la gente que no tengo modales y que me escapé. De nuevo, en mi cabeza pienso: *me escapé?* Ojalá esa fuera una de las cosas que hice. Ojalá tuviera el valor de huir. No me escapé. Ella me echó y luego hizo girar la narrativa para que pareciera que ella era la víctima.

Cuando esa persona me envió un mensaje de texto en Instagram y me dijo cosas que mi madre diría sobre mí, simplemente me reí. Ella dijo: "Realmente no puedo creer que ésta sea tu madre". Solían ser amigos y ella dice que interrumpió a mi madre. Entonces, si tú eres su amiga y yo soy su hija, y todo lo que digo coincide con lo que tú dices, entonces no estamos equivocados.

Ella me dijo que mi mamá decía muchas cosas sobre mí. Ella se sentaba allí y decía: "No, tu hija es malvada. ¿Por qué te haría pasar por eso?". Así que le conté un poco de la historia y en mi cabeza pensé: *Vaya, ahora sabes la verdad*. Su amiga o su ex amiga necesitaba saber que mi mamá no es quien pensaba que era; ella es una gran pretendiente y una gran mentirosa.

Mi mamá puede hacerte creer cualquier cosa. Ella te diría como le dijo a todos en Jamaica, que la tiré por las escaleras, pero no le dijo a nadie que casi me aplastó toda la laringe y me quitó la vida. Nunca le dijo a nadie que me rompió un plato en la cabeza. Todos los hechos serían convenientemente omitidos de su historia sólo para que pareciera una abuela superior, lo cual nunca fue. Así que lo dejé todo.

Mucha gente viene a mí y me dice: "¿Eres su hija?". Dios mío, te pareces a tu mamá". Cuando mi hija crezca y alguien la mire y le diga: "Eres mucho más bonita que tu mamá", me sorprendería. Quiero que así sea porque ella es mi hija, pero a mi mamá no le gustó que le dieran eso, se notaba que le dolía.

Todo el mundo sabe que mi madre estaba en algún tipo de competencia conmigo. No entendía por qué una mujer adulta querría competir con su propia hija.

Ella siempre está haciendo cosas para recibir atención y parecer una madre perfecta. Ella no lo es y después de todo lo que me hizo pasar, ni siquiera se disculpó. "No me arrepiento" es su mantra y no ha mostrado ningún remordimiento.

Cada vez que le he hablado de cosas que hizo, lo único que sigue diciendo es que *ella hizo lo que tenía que hacer para que yo tuviera una vida mejor*. Por teléfono, le dije "si esto es lo que crees que es una vida mejor, entonces no quiero verte en tu peor momento". No tuve una vida mejor gracias a ella. Tengo veintinueve años y a esta edad debería haber tenido mucha más experiencia. Debería haber hecho mucho más, pero me impidiste hacer mucho. Pensé que era incapaz de ser madre. Definitivamente no pensé que alguien fuera capaz de amarme, o que yo sería capaz de amar a alguien.

Me robaron mi infancia. Mi madre me robó mi infancia. Ella tomó cada pedacito de paz y felicidad que yo debería haber tenido. Creo que tus momentos más felices deberían ocurrir cuando eres niño. Cada vez que escucho las historias de otras personas y dicen "Yo no era más que un niño feliz, mis padres me aman", sé que no tengo la misma historia. La razón por la que mi historia es diferente a la de mucha gente es porque no uno sino ambos padres siguieron el mismo camino.

Tengo veintinueve años. Tiene cuarenta años y ya va a tener cuatro nietos; ella no ha cambiado. Ni un gramo de cambio en esa mujer. Ella es como es y así es ella. Siento que si ella recibiera asesoramiento y todas las cosas que estoy haciendo para ayudarme a sanar, tal vez sería un comienzo.

Tuvimos algunas sesiones de asesoramiento en el pasado. Hemos tenido personas que han intervenido para tratar de reparar nuestra relación. En un momento, teníamos alguien que solía venir todas las semanas y realizar controles regulares entre mi mamá y yo. Tuvimos Children's Aid en nuestra vida durante un buen tiempo. Uno de los programas que nuestra mamá tuvo que hacer fue actuar como si fuera la mamá perfecta pero no lo era.

Lo único que pasó fue que ella se beneficiaría de todos los pequeños cupones y de las pequeñas compras, pero ¿qué hizo realmente con eso? Ella todavía estaba tratando de pelear conmigo, lo que en realidad era castigarme y abusar de mí. Ella todavía no cambió. Hubo un momento en el que ella era vulnerable y se abría y decía que lo que pasó con su mamá y su papá pudo haber causado un patrón regresivo. Simplemente creo que a ella realmente no le importaba.

Incluso hasta el día de hoy, ella todavía habla de mí con mi hermana y yo la he cortado por completo. No puedo ver lo que ella está haciendo y ella realmente no puede ver lo que yo estoy haciendo. Sin embargo, ella todavía está tratando de encontrar una manera de derribarme, pero mi mamá y mi hermana tienen sus propias historias. Como diría mi hermana, mi mamá no estaba en ninguna forma según cómo era con nosotros. De todos modos, ella le dio más experiencias a mi hermana y le prestó más atención. Ella le decía a mi hermana que el negro es hermoso y ella me decía "Tu color no se vuelve a usar, está descolorido".

Mi hermanastra me recordó que una vez mi mamá me hizo comer comida para perros. Si alguna vez hubo un momento en mi vida que podría destacar como un buen momento con mi mamá, probablemente sería cuando era bebé. Porque no tendría recuerdos cuando era bebé, pero desde que tengo uso de razón, no tengo buenos recuerdos de mi madre. Las primeras fotografías de mi madre y yo parecían una familia tan perfecta, tan hermosa. La gente no sabía que yo quería arrancarle la cara y ella quería arrancarme la mía.

Fuimos a cenar y le dije: "Realmente no quiero que me disculpes. Sólo quiero que reconozcas que hiciste estas cosas y tu reconocimiento será un paso para ayudarnos a seguir adelante". Mi mamá comía la comida, eructaba en la mesa y decía: "Nunca hice ninguna de estas cosas; estás mintiendo". Ella es una gran narcisista, es una manipuladora, es intrigante y es malvada.

Mi papá se burla de mí como mi madre. Recientemente hubo un incidente en el que tuve que salir del caparazón en el que me encontraba porque lo había bloqueado, pero luego algo sucedió y me enfurecí totalmente.

Cuando se trata de mis padres, los considero iguales. Nadie eclipsa al otro. Están en la misma liga. Mi papá está haciendo lo mismo que siempre ha hecho mi mamá, que es no responsabilizarse de sus acciones. Él tiene diez de nosotros; todos somos prueba viviente de él. Lo que me dijo en nuestra reciente comunicación fue que soy un error y, con mucho, el peor de todos sus hijos. También dijo que debería ser institucionalizado mentalmente.

Sí, está muy amargado, mucho más que amargado. Habló de mi relación. Habló de mi hijo. Le dije que dijera lo que quisiera, porque no hay mucho que tengo que decirle. "Te voy a decir lo que tengo que decirte en lo que respecta a mi vida, pero es porque dijiste algo sobre mi hijo que es, para ser honesto, tu nieto". Simplemente desaté todo sobre él; No pude retroceder. Me aseguré de decirle *"qué y qué no" debería volver a subir.*

Le dije, "*La próxima vez que escuches sobre mí, será en tu lecho de muerte o en una tumba porque no entiendo cómo no solo tú, sino también tú y mi madre, pueden hacerme pasar por tantas cosas. Y es como si no viniera a tu cabeza mentalmente como persona; ¿cuándo es suficiente, suficiente? Destrozaste mi nombre, destrozaste mi imagen. Has hecho tanto. Has tratado de lastimarme a través de otras personas. ¿Cuándo dices, honestamente, que este juego termina? ¿Aburrido? Déjenme elegir a otra persona, déjenme encontrar otro juego. No, ustedes no. Ustedes piensan que mi vida es un juego, pero mi vida no es un juego. Y aunque lo sea, yo controlo el juego, ustedes no me dieron a luz, porque he hecho algo como ese agujero. que tu Los chicos dijeron que estaría dentro, pero no estoy dentro. Esa persona que dijiste que nunca me amaría, tengo esa discapacidad mental que ustedes dicen que tengo y con la que realmente no puedo hacer mucho, he hecho algo con eso; de ahí este libro. Claramente ustedes no lo saben".* I simplemente se fue. Me enfadé con él.

Él sabe que nunca podrá levantar el teléfono y llamarme porque, número uno, no voy a contestar. Dos, no tendré más que malas palabras para decirle. Entonces se peleó con mi hermana y le contó cosas que en realidad quería contarme. Y como ella me llamó y me dijo estas cosas, se recibió el mensaje. Dos cosas que tomo en serio: no juegues conmigo sobre mi hijo o mi familia. Realmente tenía tantas ganas de saber de mí.

Como le dije a mi hermana, él realmente quería saber de mí, así que le di lo que pidió. En ese fatídico día, le dejé tenerlo. Ni siquiera contestó el teléfono, así que dejé todo en el contestador. Le dije todo lo que tenía en mente y en lo que estaba pensando. Envié el mensaje y lo dejé ahí.

Antes de eso, él sólo recibía fragmentos, pequeños fragmentos de mí. Pero realmente nunca desaté todo para él, así que ese día lo consiguió todo. Todo: un mensaje de voz de media hora dejado en su contestador automático.

CAPITULO 11
SUPER HÉROE

Desde mi corazón y mi alma, tuve que encarnar cada aspecto del heroísmo en mi amor incondicional como madre. Cuando mi hija dijo "mami" por primera vez, fue el momento más indescriptible y reconfortante recibir de ella ese ansiado título. El solo hecho de saber que ella me considera su protector, modelo a seguir, quien la protege y la mantiene a salvo es una gran responsabilidad que siempre atesoro. Como madre, hay una diferencia entre criar a otros niños como cuando cuidaba a mis hermanos y hermana, y ahora criar a los míos.

Ella busca todo en mí y ese vínculo especial que compartimos fue creado por Dios. Me aseguré de hacer este trabajo lo mejor que pude. Hablaría con mis amigas que ya son mamás y obtendría ideas sobre los mejores pasos a seguir y diferentes métodos a utilizar como nueva mamá. Eso sumado a mi experiencia en el cuidado infantil desde que era más pequeña y todo lo que me enseñó mi abuela; Siempre mantendré mis votos de ser mejor que la madre que me crió.

No es sólo mi relación con mi hija, sino que muchas personas me confían a sus hijos: mi mejor amiga con mi ahijada y mi hermana con su hijo. Ellos ya conocen la dinámica de mi vida, quién soy como persona y cuánto me preocupo por estos niños. La forma en que lo veo ahora como adulto es que he superado todos estos eventos traumáticos que han sucedido en mi vida. Todos vamos a envejecer, así que o esas situaciones de la vida volverán a atormentarte, o podemos usarlas y darles la vuelta para generar cambios positivos para los demás.

A medida que mi hija pasó de ser un bebé a ser una niña pequeña, pasamos muchos momentos preciosos. Solía verla rodar antes de que aprendiera a caminar y dar sus primeros pasos. La hora de comer era un placer para los dos y disfruté enseñándole las palabras mientras ella formaba su discurso. Cada momento con ella vale la pena. Siempre estaré a su lado y no cambiaría ser su mamá por nada del mundo.

La niña de papá

Para ser honesto, mi hija es definitivamente una niña de papá. Desde que era un bebé y no puedes decirle lo contrario. Su papá es como su superhéroe. Él es tan bueno con ella.

Mi alma gemela prometido

Conocí a mi prometido cuando tenía dieciocho años y él era un refugio seguro para mí. Él estuvo ahí para mí durante ciertas situaciones: el trauma, el abuso y todo lo que pasó con mi mamá. No pensé que nuestra amistad se convertiría en lo que ahora compartimos como pareja, pero así fue y fue como si Dios lo hubiera ordenado. Al principio huí de eso. Básicamente le dije que no estaba interesado en tener el tipo de relación que tenemos actualmente. No es lo que estaba buscando inicialmente. Salimos y nos divertimos, pero eventualmente nuestra relación floreció y Dios nos unió.

Nos conocimos a través de un amigo a través de Black Berry Messenger (BBM). Era la era de BlackBerry Messenger. Después de que empezamos a hablar, hubo una conexión. Así que nos reunimos y tuvimos un par de citas. Se dio cuenta de que había una conexión entre nosotros antes que yo. Principalmente traté de huir de esas emociones.

Mi prometido experimentó la muerte de un primo que era muy cercano a él y estaba tratando de procesar y afrontar esa pérdida. Dijo que miró hacia el cielo, orando para que Dios le enviara a alguien que fuera solo para él y no quisiera mucho. Inmediatamente después de que su primo falleciera, me conoció. Lo que realmente me atrajo de él fueron las cosas que hacía y, según mi experiencia, no eran normales. Hablábamos durante horas por teléfono y luego, cuando me quedaba dormido, él se aseguraba de despertarme para que pudiera prepararme para ir a la escuela. Estaba luchando por graduarme y él me afirmaba y me recordaba constantemente: "¡Tú puedes hacer esto!" Sí, fueron las pequeñas cosas. Él fue un gran apoyo.

Cuando tuve que volver a vivir con mi mamá, él se ofreció a dejarme quedarme con él. En medio del trauma que estaba pasando con mi mamá, él me dijo que deberíamos mudarnos juntos. Le dije que no, que era demasiado, demasiado pronto y que realmente pensé que sería mejor para nosotros conocernos un poco más antes de dar ese paso. Constantemente me tranquilizó con sus acciones y me hizo sentir segura. Él siempre me vigilaba para ver cómo estaba. Era emocionante ver todas estas cualidades en él. Me hizo darme cuenta de mi belleza, no sólo de mi belleza física, sino de la persona real que soy.

Hemos tenido nuestros obstáculos como los tendría cualquier pareja normal. No somos perfectos. Ambos tenemos nuestros defectos, pero hay un gran valor en lo que compartimos y seguimos juntos. Tuve que aprender a dejarme llevar y permitir que las cosas se desarrollaran y se transformaran en lo que somos hoy. Una vez más, no buscaba tener una relación con nadie. De hecho, ni siquiera buscaba divertirme. Debido a la vida protegida que vivía, todavía estaba psicológicamente enjaulado. Muchas de las cosas que tuve la oportunidad de experimentar fueron gracias a él.

Mi discapacidad de aprendizaje nunca fue algo por lo que él me juzgara. Siempre dijo que cree que todo el mundo tiene algún tipo de discapacidad de aprendizaje, porque siempre habrá algo que alguien no sepa hacer. Con él tuve mejores conversaciones y aprendí a formular mejor las oraciones. También me quitó el miedo a las personas que siempre intentaban atacarme, agitarme o provocarme ira. Me ayudó a comprender que no todos intentaban lastimarme y me animó a darles una oportunidad y abrirme más a la gente. Esto me recordaba las cosas que me enseñaría mi abuela, así que llegó en el momento adecuado de mi vida. Toda esa historia, y luego el progreso que hemos logrado al asumir el papel de padres con una familia propia, me deja boquiabierto.

CAPITULO 12
ORGULLO FORTALEZA Y AMOR

Creo que todo lo que hago tiene una ventaja. Debido a lo que he soportado, soy más un oyente atento. Cuando mis clientes hablan, presto atención y cuando se trata de mi trabajo de salud mental, escucho para comprender. Entonces, cuando un cliente está frustrado, en el fondo sé que el cliente no está frustrado conmigo, sino con la empresa. No lo hago sobre mí ni lo tomo como algo personal. Si alguien está enojado conmigo, sé cómo procesar ciertas emociones y sentimientos. Lo que he notado con la gente es que no todos dicen exactamente lo que quieren decir, o quieren decir lo que dicen, especialmente si son emocionales.

Desarrollé todo esto cuando era niño y ahora lo uso como adulto; cómo descifrar las emociones de las personas. Sé que el problema que se plantea inicialmente no es la cuestión principal o subyacente: es sólo la punta del iceberg. Mi trabajo es romper el iceberg y descubrir qué hay debajo. Entonces escucho la frustración. Siendo el superhéroe que soy, siempre me gusta ayudar. Siempre estoy ayudando a la gente. Entonces, si no puedo ayudarte, mi trabajo no está completo. Encontraré formas de que usted obtenga la ayuda que necesita.

Sin embargo, como madre, tengo mis tiempos. Quiero que la gente sepa que tener una discapacidad de aprendizaje, ser madre y pasar por todos estos eventos hace que tenga momentos en los que no quiero hacer nada. Necesito mi tiempo a solas. Mi hija lo sabe y lo llama "Tiempo de mamá". Me sentaré allí y reflexionaré sobre cómo puedo hacerlo mejor. No quiero que mi hija mire atrás y diga: "Mami hizo que me perdiera ese libro y ahora no sé leer". Todo lo que no sé hacer, me esfuerzo por aprenderlo, sólo para ella.

Para mí es primordial prestar atención a cada pequeña cosa que hace. Si es un juguete nuevo, me meto en ese juguete nuevo, si es un espectáculo nuevo, me meto en él. Hago las cosas divertidas, pero al mismo tiempo soy estricta. Valoro ciertas cosas, como el tiempo en familia.

Quiero asegurarme de que ella se convierta en algo en la vida y que nadie me diga que no será como yo.

Con demasiada frecuencia me dijeron que no iba a lograr el éxito y que nadie me amaría porque tenía todas estas desventajas. Tenía un problema de ira, tenía una discapacidad de aprendizaje y no sabía cómo entablar una conversación. Esas voces siempre se repetían en el fondo de mi cabeza. La única persona que creyó en mí de todo corazón fue mi abuela. Si le decía que quería ser abogado o médico, por tonto que pareciera, ella me decía: "niña, puedes hacer lo que quieras. Yo estaré aquí". Ella fue mentora y yo también tuve a mi tía.

Ha sido difícil con mi prometido debido a problemas de comunicación. Dijo que cree que no me abro y cree que estoy muy protegido. Me compararía con una bomba de tiempo para obtener una descripción adecuada. Cuando era niña tenía miedo de decir ciertas cosas, tenía miedo de abrirme. Ahora, como adulta, no tengo miedo de abrirme. No tengo miedo. Si siento que me estás haciendo mal o que estás haciendo algo que me lastima, puedo defenderme por mí mismo. Hábilmente, puedo decir exactamente lo que tengo en mente y dirigir la conversación para que entiendas que estoy herido. No más tonterías de la gente. Incluso con mi prometido, si tenemos una discusión en la que él amenaza con irse, debido a la forma en que me criaron, no tengo emociones. No me importa. Yo diría: "¿Para qué me estás diciendo eso? No me importa". Por eso me llama insensible.

Para poder vivir mi mejor vida tengo que eliminar el veneno que me rodea, que es mi madre, mi padre y cualquier otra persona que quiera ser agregada a esa lista. Para vivir verdaderamente mi vida, necesitaba escribir este libro. Tuve que quitarme este peso de encima porque me estaba matando. Al escribir este libro, me quitaría un peso de encima y dejaría en el suelo esta cruz que he cargado durante casi veintinueve años. No sólo eso, sino que también podría sanar. Sé que pasé por todas estas cosas y las superé. He superado el abuso de mi madre, he superado el abuso de mi padre y he superado todas estas situaciones y obstáculos. Ahora tengo las herramientas para asegurar con éxito una vida de calidad para mí y un futuro para mi hijo.

No importa lo que enfrente en la vida, en el fondo de mi mente me recuerdo a mí mismo que en todo lo que hago, o cualquier cosa que toco, lo hago con amor. No tengo ninguna animosidad. No estoy enojado. Si no hubiera pasado por estas situaciones en mi vida, no siento que sería la persona que soy hoy. Probablemente sería esa niña asustada y tendría miedo de saltar. Ahora estoy saltando y estoy escribiendo este libro.

Mi abuela me decía: "Siempre eres un diamante, siempre tienes un corazón puro". El arcoíris siempre representa que sigo adelante, porque llueva o haga sol, verás un arcoíris. El diamante soy yo descubriendo quién soy realmente; Pase lo que pase, seguí siendo fuerte y puro de corazón.

Al fin y al cabo ella es mi madre y eso no se lo puedo quitar. Quiero que sepa que sólo porque la perdono no significa que la olvido.

Y al final de este libro, quiero que todos mis ofensores sepan que si los perdono, los perdono y seguiré adelante. Voy a dejar eso aquí, como ahí mismo".

Si ustedes piensan que esto es todo de mí, desde donde comencé hasta donde estoy ahora, sepan que lo mejor está por venir. Este diamante de talla única tiene muchos más colores para desplegar.

www.ingramcontent.com/pod-product-compliance
Lightning Source LLC
Chambersburg PA
CBHW072146160426
43197CB00012B/2272